牛雄梅 / 著

家有二宝

幼儿园家园合作指导策略的实践与研究

吉林文史出版社

图书在版编目（CIP）数据

家有二宝：幼儿园家园合作指导策略的实践与研究 /
牛雄梅著. — 长春：吉林文史出版社，2023.10
ISBN 978-7-5472-9927-2

Ⅰ.①家… Ⅱ.①牛… Ⅲ.①幼儿园—家长工作（教育）—研究 Ⅳ.①G616

中国国家版本馆CIP数据核字（2023）第205630号

家有二宝：幼儿园家园合作指导策略的实践与研究
JIAYOU ERBAO：YOUERYUAN JIAYUAN HEZUO ZHIDAO CELUE DE SHIJIAN YU YANJIU

著　　者：牛雄梅
责任编辑：王　新
封面设计：言之凿
出版发行：吉林文史出版社有限责任公司
电　　话：0431-81629369
地　　址：长春市福祉大路5788号
邮　　编：130117
网　　址：www.jlws.com.cn
印　　刷：北京政采印刷服务有限公司
开　　本：170mm×240mm　1/16
印　　张：15.75
字　　数：176千字
版　　次：2023年10月第1版
印　　次：2025年4月第2次印刷
书　　号：ISBN 978-7-5472-9927-2
定　　价：58.00元

序 言

写给"家有二宝"的父母们

亲爱的"家有二宝"的爸爸、妈妈们：

　　你们好！作为一个从心底里喜欢孩子的幼儿园教师和孩子的妈妈，在三十多年的教育生涯中，我一直觉得自己走的是一条开满鲜花的幼教之路，和孩子们在一起是一件快乐和幸福的事。很庆幸，能在做第一个个人课题研究的路上，与你们相识相伴三年，有你们真好！

　　在"家有二宝"课题研究过程中，在课题组一次次的阅读分享会上，我发现了作为"家有二宝"父母的你们眼中亲子阅读的光亮，这份光亮一直激励着我，让我想尽一己之力给"家有二宝"的你们提供一点点帮助，给作为父母的你们一个可以参考的"家有二宝"主题绘本阅读系列。通过一本本"二宝"主题绘本的推荐阅读，大宝、二宝在温馨的家庭氛围中，都能感受到父母满满的爱。让父母爱上阅读，让孩子爱上阅读，让一家人爱上亲子共读，这将是我作为一位阅读点灯人最大的愿望。我在20多年前有了自己的孩子，依照梅子涵先生的《阅读儿童文学》一书，不断地学习、摸索与实践，通过每天的家庭亲子绘本阅读，让孩子走向更广阔的世界，让孩子从小养成受益终身的阅读习惯。希望本书中推荐的优秀主题绘本，也能为你们的家庭教育提供一些

实用的参考价值，如果有此作用，那就算作我送给你们的一份小小礼物吧！感谢你们在课题组三年来的积极参与和真心付出，感恩有你们！

作为一名幼儿教师，我一直喜欢做绘本阅读教学的研究，在多年的研究实践中，阅读了几千本国内外的经典绘本，却唯独没有关注过"二宝"主题的绘本。分析原因有二：一是因为作为"70后"妈妈，在当年我国独生子女政策下自己所育孩子只有一个，所以在自己孩子的成长过程中，没有遇到"家有二宝"这一教育问题，因此，涉猎二宝主题绘本阅读基本为零；二是在以前的教学工作中，面对的孩子也大多是独生子女，大多数家长也跟我一样，是独生子女的父母，家庭中也少有二宝教育过程中面临的各种问题。

2016年我国"全面二孩"政策的实行，让我们教师和家长都同时赶上了"家有二宝"的时代潮。家里突然多了个小成员，尚且还是孩子的大宝无疑是忐忑不安的，妈妈们本来觉得给家里添个小宝贝能让大宝贝不那么孤单，可是，骄纵的大宝们好像并不太买账，他们大部分会想："爸爸妈妈有了弟弟妹妹，是不是就不会再像以前那样爱我了？"每个孩子都渴望被父母关注，教育两个宝贝如何相处是一门艺术，这也成为"家有二宝"父母的必修课。两个宝贝相处之道，成为"家有二宝"家庭一个不得不去面对的现实问题。

从课题研究走向家长的需求，再到让孩子受益，让教育落地并看得见，是作为课题主持人的我和作为父母的你们共同努力的方向。同时，"家有二宝"主题绘本阅读教学的研究，也填补了我自己多年来对"二宝"主题绘本研究的空白，这算我们课题合作研究之路上结出的硕果吧！

作为"70后"，我自己也有兄弟姐妹，体验过手足情深。所以，读这些二孩绘本便多了一份共鸣和回忆。当下，回想当年陪伴自己的独生儿子开展亲子阅读，好像缺了点儿什么，那就是手足情深的回忆吧。因为独生子女总是有些遗憾，有些先天的孤独。现在好了，有更多的二胎、三胎家庭，就像我们"70后"小时候一样，也许一起阅读不只是和父母亲子共读，更大的幸福是哥哥姐姐和弟弟妹妹一起手足共读。因为爱，我们在一起，那是我理想中的二胎、三胎家庭温馨阅读的场景。

我的童年里，哥哥总是有很多讲不完的故事，后来，我读小人书了，发现哥哥讲的故事是小人书上的；再后来，我上小学了，发现哥哥讲的故事是小学课本里的。这种有哥哥讲故事听的美好，一直是我童年时光里最美好的存在，它在我幼小的心灵里播下了一颗喜爱阅读的种子。

幼儿教师的职业和做父母的必修课，促成了我的二次童年阅读之旅。我喜欢陪伴儿子阅读成长的每个瞬间，我喜欢记录儿子小时候的每一次阅读分享。亲子阅读就是重走童年之路，小时候的我们只有黑白的小人书可读；回忆陪伴儿子阅读的时光，欣喜原来小孩子有这么多有趣的绘本可读。原来童年可以重新来过，而且是彩色的。这样的陪读心态和体验，让我觉得陪读是幸福的再次降临，因而乐此不疲。

每个孩子都不是天生就会阅读的，正如不是每位家长在有孩子之后就自然而然地知道为人父母之道，一切能力的提升都来自不断的学习和锻炼，包括亲子阅读。《朗读手册》作者吉姆·崔利斯曾经说过："你或许拥有无限的财富，一箱箱珠宝与一柜柜

的黄金。但你永远不会比我富有，因为我有一位读书给我听的妈妈。"为了成为这样伟大的父母，为了让孩子真正爱上读书、学会阅读，请开始我们的"家有二宝"亲子阅读计划吧。

希望我们的阅读之旅，能让大宝、二宝明白：

孩子越多，爱就越多！

爸爸妈妈永远有足够的爱！

每个孩子都是父母的最爱！

踏着兔年的脚步，带上希望，开启我们的阅读之旅吧！相信那一定是一条开满鲜花的路，行之苟有恒，久久自芬芳！

愿我们都能成为一名阅读点灯人！

祝夏安！

牛雄梅

2023年5月书于古城西宁

目 录

下篇 "家有二宝"阅读推荐

上 篇

"家有二宝"理论研究

"全面二孩"政策背景下，家园共育合作指导策略的研究

开题报告

一、课题的提出

自我国实行"全面二孩"政策以来，学前教育面临新的挑战。一是开始实施"全面二孩"政策后，中国的人口生育率有所上升，对教育的需求量会相应增加。二是教育质量面临挑战。随着社会经济的不断发展，人们对教育的需求不再局限于"有学上"，而上升为"上好学"。但是，二孩政策的实施使得许多家庭结构发生变化，由之前的"四二一"式转变为"四二二"式，孩子的家庭教育质量也有所下降。三是教育投资方面，家庭教育投资也会由一个孩子平均到两个孩子身上，许多家庭会面临教育投资的困境，继而减少孩子的教育经费。四是实施"全面二孩"政策后，教育资源地区分配不公平现象可能更为严重。

《幼儿园教育指导纲要》（以下简称《纲要》）中明确指出：

"家庭是幼儿园重要的合作伙伴。幼儿园应本着尊重、平等、合作的原则，争取家长的理解、支持和主动参与，并积极支持、帮助家长提高教育能力。""幼儿园应与家长密切配合，共同为幼儿创造一个良好的成长环境。"幼儿的身心发展是在与良好的教育环境的相互作用中实现的。家庭、幼儿园是幼儿发展的两大环境。

为了更好地开展"'全面二孩'政策背景下，家园共育合作指导策略的研究"课题活动，我们从幼儿园、家庭、教师、家长、幼儿等多方面提出自己的指导策略，构筑家长与幼儿园之间良好沟通的桥梁，使家长能更全面地了解幼儿在园的各种情况，进一步提升家长的教育能力。随着"全面二孩"时代的到来，我们呼吁家长、社会、幼儿园建立教育共同体，让二孩教育回归科学和理性，形成幼儿园家园共育合力，让每个孩子都能拥有健康而又快乐的童年！

二、课题核心概念及界定

随着教育理论的进一步改革和发展，家园合作已成为新时代幼儿教育中的一个重要课题。家园合作共育是指幼儿园和家庭对幼儿共同实施教育，以促进幼儿的健康发展。在现代信息社会飞速发展的背景下，如何做好家园合作共育、如何取得家园合作共育的高实效，是我们必须深入研究、解决的问题。在"全面二孩"政策下，二孩家庭教育问题成为家长关切的问题和家庭教育的热点问题。本课题通过全面的问卷调查与结果分析，从而摸清二孩家庭的教育现状，总结出二孩家庭的结构及家长在养育二孩过程中关心的问题，寻求解决的方法。在"全面二孩"政策下，

结合青海省民族地区二孩家庭特色，有针对性地进行二孩家庭教育指导策略的研究。

三、文献综述及研究的理论依据

（一）终身教育理论

"终身教育"一词最早由英国成人教育家耶克斯利提出。其在代表作《终身教育》中指出，学校教育仅仅是教育过程的开始，应该将各种教育统一起来，将教育看作贯穿人一生的活动。美国著名教育家、哲学家杜威的思想与终身教育思想紧密相连，杜威在其代表作《民主主义与教育》中提出了"生长论"。杜威认为"常态的儿童和常态的成人都在不断生长，他们之间的区别不是生长和不生长的区别，而是各有适合于不同情况的不同的生长方式""教育就是不断生长，在他自身以外，没有别的目的""一个人离开学校之后，教育不应停止"。现代终身教育思想的正式形成，以1965年在联合国教科文组织的成人教育发展国际会议上，法国成人教育家保尔·朗格朗所作的关于终身教育的报告及其在1970年发表的《终身教育导论》为标志。朗格朗对终身教育的基本看法包括：第一，终身教育是贯穿人一生的教育，各阶段的教育相互联系；第二，教育并不仅限于在学校中进行，应该让学校外的机构也承担教育的职能。对家长来说，获得家庭教育指导是人生特定阶段的特殊教育，也属于终身教育的一部分。由此可见，无论是对幼儿还是对家长来说，贯穿终身的教育都是社会要求和自身成长的必然选择，所以，终身教育理论为本书研究的理论基础之一。

（二）生活教育理论

"社会即学校"是陶行知生活教育理论的重要内容，他这一主张不仅扩大了教育对象，而且扩展了教育内容，明确了教育途径，促进了办学模式的改革。他指出，育人途径不应只是狭义的校园，而应是多样的、开放的，要把整个社会当学校。"社会即学校"实质是一种开放式教育思想。社会是一种开放式学校。《纲要》在总则里也指出："幼儿园应与家庭、社区密切合作，与小学衔接，综合利用各种教育资源，共同为幼儿的发展创造良好的条件。"根据陶行知"社会即学校"的思想与当今幼儿教育的要求，幼儿园教育应主张途径的开放性和多样性，让家庭、社区成为幼儿园精神文明建设的促进者。

（三）家庭教育指导理论

苏联著名教育家马卡连柯在论述学校教育和家庭教育的关系时，有一个简单而鲜明的观点，那就是"学校应当指导家庭。"因为学校是从事教育的专门机构，在家长的教育素养普遍需要提高的情况下，教师应主动指导家庭教育，其出发点是把整个教育问题与家庭教育有机结合起来。德国教育家福禄贝尔提出："学校同家庭的联系是完美教育和儿童健康发展必不可少的条件。"从理念层面阐述了家园合力的重要性。以上观点为本研究提供了理论支撑。2010年，全国妇联、教育部颁布的《全国家庭教育指导大纲》在指导原则、指导内容、指导形式等方面遵循家庭教育的特点和儿童身心成长发展规律，按照年龄段划分家庭教育的指导内容，规范家庭教育的指导行为，是全国各级各类家庭教育指导服务机构和家庭教育指导者开展家庭教育的重要依据。

四、研究目标

（1）帮助二孩家庭树立正确的教养观念，建立尊重理念下的家园教育共同体。

（2）指导家长借鉴已有育儿经验，给大宝、二宝特别而适宜的爱。

（3）指导家长整合"全家总动员"教育资源，家园合作优化二孩家庭教育，提高家庭教育的有效性。

五、研究内容

（1）了解二孩家庭教育现状及存在的问题。

（2）幼儿园指导二孩家庭借鉴已有育儿经验，科学合理地给予大宝、二宝特别而适宜的爱，整合家庭和幼儿园的教育资源。

（3）家园合作探索二孩家庭，进行家园共育有效性策略的研究。

六、研究方法

（1）调查法：调查了解二孩家庭教育现状及存在的问题。

（2）观察法：通过观察，及时发现问题，提出有效解决问题的措施，总结教育经验。

（3）个案追踪法：针对班里比较典型的二孩家庭，在观察指导的同时更多地摸索一些家园共育策略，及时且有针对性地调整教育方法和内容。

（4）文献研究法：通过查阅有关文献，借鉴和学习与本课题有关的理论知识。

七、研究对象

（1）选定幼儿园小、中、大班各一个班作为课题实验班，成立"家有二宝"课题研究小组。

（2）各实验班级选定班级内有二孩的家庭，请家长加入班级课题小组，参与课题研究。

八、研究步骤

（一）准备阶段

（1）收集资料：通过图书馆、网上查询、收集文献，学习相关理论。

（2）设置课题：根据研究计划与现状，结合文献资料，设置课题。

（二）研究阶段

（1）对幼儿园"全面二孩"政策背景下的家庭教育现状进行微信调查、问卷调查和访谈调查。

（2）组织课题组教师开展"'家有二宝'主题教育活动"的研究，开展系列主题教育活动。

（3）指导二孩家庭开展"家有二宝"教育故事征集活动，进行家园合作指导策略的研究。

（三）总结阶段

（1）收集整理成果材料。

（2）撰写结题报告。

（3）准备课题研究成果的展示。

九、成果形式

（1）课题研究论文、结题报告。

（2）"家有二宝"成果汇编。

（3）课题绘本阅读推荐书单。

前期调查问卷

一、家长调查问卷设计及结果统计

（一）第一期家长微信调查问卷

尊敬的家长：

您好！为了更好地开展我园"'全面二孩'政策背景下，家园共育合作指导策略的研究"课题活动，现进行第一期微信调查，请您按照调查内容如实填写选项，谢谢您的配合！

您的家庭人员结构属于：（　　　）

1.已育有两个孩子

2.已育一个孩子，二孩已怀还未出生

3.已育一个孩子，计划要二孩

4.已育一个孩子，不想要二孩

5.已育三个及以上孩子

家长朋友填写选项，直接填写数字1、2、3、4、5其中的一个相关代码就可以。

（二）第一期家长微信调查问卷结果统计表1

（青海省六一幼儿园总园）

班级	1类家庭	2类家庭	3类家庭	4类家庭	5类家庭	合计
小一班	17个（5）	4个（0）	7个（2）	27个（5）	0个（0）	55个（12）
小二班	22个（2）	0个（0）	7个（1）	25个（2）	1个（0）	55个（5）
小三班	15个（2）	3个（0）	0个（0）	36个（5）	0个（0）	54个（7）
小四班	19个（3）	2个（1）	2个（0）	32个（1）	0个（0）	55个（5）
中一班	17个（5）	1个（0）	5个（0）	32个（4）	0个（0）	55个（9）
中二班	14个（3）	4个（1）	1个（0）	36个（6）	0个（0）	55个（10）
中三班	17个（4）	2个（1）	1个（0）	32个（7）	0个（0）	52个（12）
中四班	23个（2）	1个（0）	5个（0）	25个（4）	0个（0）	54个（6）
中五班	19个（9）	3个（0）	3个（0）	16个（0）	2个（0）	43个（9）
大一班	18个（3）	2个（1）	3个（1）	30个（7）	0个（0）	53个（12）
大二班	13个（3）	1个（0）	3个（0）	28个（4）	0个（0）	45个（7）
大三班	16个（1）	0个（0）	8个（2）	22个（3）	0个（0）	46个（6）
大四班	13个（1）	2个（0）	3个（0）	34个（9）	0个（0）	52个（10）
大五班	21个（8）	1个（0）	5个（1）	25个（5）	0个（0）	52个（14）

续 表

班级	1类家庭	2类家庭	3类家庭	4类家庭	5类家庭	合计
大六班	16个 （4）	1个 （0）	0个 （0）	36个 （6）	0个 （0）	53个 （10）
合计	260个 （55）	27个 （4）	53个 （7）	436个 （68）	3个 （0）	779个 （134）

注：括号中数字为少数民族家庭数量（其中，藏族41个，回族38个，土族23个，蒙古族12个，满族9个，撒拉族4个，土家族2个，东乡族1个，白族1个，裕固族1个，瑶族1个，畲族1个）；汉族家庭数量为645个。

（三）第一期家长微信调查问卷结果统计表2

（青海省六一幼儿园城东区分园）

班级	1类家庭	2类家庭	3类家庭	4类家庭	5类家庭	合计
分园 小一班	23个 （18）	1个 （0）	3个 （3）	9个 （2）	1个 （1）	37个 （24）
分园 小二班	22个 （21）	2个 （1）	3个 （2）	10个 （5）	0个 （0）	37个 （29）
分园 中一班	20个 （19）	1个 （1）	0个 （0）	21个 （15）	0个 （0）	42个 （35）
分园 中二班	23个 （21）	2个 （2）	3个 （3）	15个 （12）	0个 （0）	43个 （38）
分园 大一班	29个 （27）	4个 （4）	3个 （3）	13个 （11）	0个 （0）	49个 （45）
分园 大二班	27个 （24）	0个 （0）	5个 （4）	16个 （14）	0个 （0）	48个 （42）
合计	144个 （130）	10个 （8）	17个 （15）	84个 （59）	1个 （1）	256个 （213）

注：括号中数字为少数民族家庭数量（其中，回族173个，

撒拉族35个，藏族3个，土族2个）；汉族家庭数量为43个。

二、调查问卷统计数据结果及分析

针对青海省是多民族聚居的省情，此次家长微信调查问卷，把少数民族聚居较多的青海省六一幼儿园城东区分园作为重点，对大、中、小班共6个班的家庭进行了家庭结构类型调查分析。由各班教师在班级微信群发送调查问卷，家长如实回复。

调查结果显示，1类家庭（已育有两个孩子）和2类家庭（已育一个孩子，二孩已怀还未出生）的总数为154个，占总体的60%，其中，少数民族家庭已有二孩的（含1类和2类）比例高达89.6%，汉族家庭只占10.4%；3类家庭（已育一个孩子，计划要二孩）总数为17个，占总体的6.6%，其中，少数民族家庭占88.2%，汉族家庭只占11.8%；4类家庭（已育一个孩子，不想要二孩）的总数为84个，占总体的32.8%，其中，少数民族家庭占70.2%，汉族家庭只占29.8%。

从家长反馈回来的调查数据统计显示，有以下几个特点。

（1）被调查幼儿家庭以少数民族居多。由于城东国际村地处西宁市城东区，幼儿园所在居民小区以回族和撒拉族聚集较多，所以，在被调查的256名幼儿家庭中，少数民族家庭为213个，占被调查家庭的83.2%；汉族家庭为43个，占被调查家庭的16.8%。

（2）被调查幼儿家庭中选择生二孩和不想要二孩的家庭占比很大，其中，已育有二孩和已怀二孩的家庭占比60%，不想要二孩的家庭占比32.8%。

前期调查报告

一、问题的提出

家园合作共育是指幼儿园和家庭对幼儿共同实施教育，促进幼儿的健康发展。在现代信息社会飞速发展的情况下，如何做好家园共育合作，如何取得家园共育的高实效，是我们必须进一步深入研究、解决的问题。自我国实行"全面二孩"政策以来，学前教育面临新的挑战。

一是实施"全面二孩"政策后，中国的人口生育率有所上升，对教育数量的需求相应增加。二是教育质量面临挑战。随着社会经济的不断发展，人们对教育的需求不再局限于"有学上"，而是上升为"上好学"。但是，二孩政策的实施使得家庭结构发生了变化，由之前的"四二一"式转变为"四二二"式，孩子的家庭教育质量也有所下降。三是教育投资方面，家庭教育投资也会由一个孩子平均到两个孩子身上，许多家庭会面临教育投资困境，继而减少孩子教育经费。四是实施"全面二孩"政策后，教育资源地区分配不公平现象可能更为严重。为了更好地开展"全面二孩政策背景下，家园共育合作指导策略的研究"课题活动，课题组进行了两期问卷调查，基于此进行了指导策略的研究。

二、研究方法

（一）调查时间

2017年8—12月

（二）调查方法

微信调查法、问卷调查法

（三）调查对象

青海省六一幼儿园总园和城东区分园全体幼儿家庭

（四）调查内容

第一期微信调查内容：

尊敬的家长，您的家庭结构属于：（   ）

1.已育有两个孩子

2.已育一个孩子，二孩已怀还未出生

3.已育一个孩子，计划要二孩

4.已育一个孩子，不想要二孩

5.已育三个及以上孩子

第二期问卷调查内容：

1. 您的第一个孩子出生于____年____月____日，性别____；二孩出生于____年____月____日，性别____；两个孩子之间的年龄差距为（   ）岁。

2. 您生育二孩，符合哪项国家政策？

3. 您觉得生二孩最大的好处是什么？

4. 您在养育二孩的过程中，是否有来自经济上的压力？

5. 有了二孩，您觉得在养育和教育方面最大的焦虑来自哪里？

6. 作为母亲，面临二孩的养育和教育问题，您希望家庭成员

中的哪些人能积极参与其中？

7. 您了解自己孩子所在班级有二孩的家庭并和这些家长有过关于养育二孩的经验交流吗？

8. 您就二孩教育过程中遇到的问题和您孩子所在班级的教师进行过沟通和交流吗？

9. "全面二孩"政策下，学龄前儿童数量增加，您觉得这会造成您的孩子入园难、入好园更难的问题吗？

10. 养育两个孩子，会影响您家庭中对孩子的教育投资吗？

11. 如果幼儿园利用微信平台创建"二孩家园共育合作交流学习群"，您愿意积极参加吗？

三、调查结果

（一）第一期微信调查结果

第一期的微信调查是针对我园城西区总园779名幼儿家庭和城东区分园256名幼儿家庭，在"全面二孩"政策下的家庭人员结构变化进行了一次千人普查。此次微信调查问卷，由各班教师在班级微信群发放，家长如实回复被调查内容答案选项的相关代码，以完成调查。

此次调查，家长们积极参与微信互动，调查结果显示，1类家庭（已育有两个孩子）和2类家庭（已育一个孩子，二孩已怀还未出生）的总数为441个，占全体的42.6%，其中少数民族家庭已有二孩（含1类和2类）的比例高达44.8%；3类家庭（已育一个孩子，计划要二孩）的家庭总数为70个，占全体的7%，其中少数民族家庭占31.4%；4类家庭（已育一个孩子，不想要二孩）的家庭总数为520个，占全体的50.2%，其中少数民族家庭占24.4%。

在对第一期微信调查问卷结果进行统计分析后，我们有针对性地进行了第二期问卷调查。第二期调查问卷总共发放400份，其中，发放给1类家庭（已育有两个孩子）和2类家庭（已育一个孩子，二孩已怀还未出生）问卷共280份，收回280份，回收率100%；发放给4类家庭（已育一个孩子，不想要二孩）问卷120份，收回119份，回收率99%。

（二）第二期问卷调查结果

1类家庭（已育有两个孩子）和2类家庭（已育一个孩子，二孩已怀还未出生）共发放统一调查问卷280份，收回280份，回收率100%。其中，少数民族家庭为187个，占1类和2类调查总数的66.8%；汉族家庭为93个，占1类和2类调查总数的33.2%。调查内容和结果统计如下。

1类、2类家庭调查统计结果：

1. 您的第一个孩子出生于＿＿年＿＿月＿＿日，性别＿＿；二孩出生于＿＿年＿＿月＿＿日，性别＿＿；两个孩子之间的年龄差距为（　　）岁。

此次调查中，二孩家庭共280个，其中，一男一女的家庭154个，占被调查家庭总数的55.4%；两个男孩的家庭是55个，占被调查家庭总数的35.7%；两个女孩的家庭是60个，占被调查家庭总数的39.0%。

对两个孩子的年龄差距调查显示，年龄差距为1岁左右的共11个，占被调查家庭总数的3.9%；年龄差距在2～6岁的共170个，占被调查家庭总数的60.7%；年龄差距为7～12岁的共72个，占被调查家庭总数的25.7%；年龄差距为13岁以上的共27个，占被调查家庭总数的9.7%。

在被调查的280人中，2011—2014年出生的二孩有147人，属已入园幼儿，占被调查二孩的52.5%；2015—2018年出生（包括2018年已孕未出生的）的二孩有133人，属未来三年陆续入园的幼儿（2018年、2019年和2020年），占被调查二孩的47.5%。

2. 您生育二孩，符合以下哪项国家生育政策？

A. "少数民族可以生两个孩子"政策（65.7%）

B. "单独二孩"政策（12.5%）

C. "全面二孩"政策（20.4%）

D. "再婚一方无子女可以生二孩"政策（0.7%）

E. 特殊情况：双胞胎或多胞胎（0.7%）

3. 您觉得生二孩最大的好处是什么？（可多选）

A. 让孩子从小有个玩伴，更益于身心健康成长（83.7%）

B. 促进家庭和谐，满足祖辈多子多福的愿望（41.1%）

C. 利用同伴教育有利于孩子养成谦让、互帮互助、换位思考、分享合作等良好品格（79.8%）

D. 养儿防老，为自己的老年生活提供保障（7.8%）

4. 您在养育二孩的过程中，是否有来自经济上的压力？

A. 有很大压力（18.4%）

B. 压力一般（53.9%）

C. 无压力（27.7%）

5. 有了二孩，您觉得在养育和教育方面最大的焦虑来自哪里？（可多选）

A. 调和两个孩子生活中的矛盾（39.4%）

B. 如何给两个孩子平等的爱（60.3%）

C. 无法同时兼顾工作和照顾两个孩子（56.4%）

D. 没有了自己的私人生活时间和空间（39.3%）

6. 作为母亲，面临二孩的养育和教育问题，您希望家庭成员中的哪些人能积极参与其中？（可多选）

　　A. 孩子的父亲（95%）

　　B. 孩子的爷爷奶奶（60.3%）

　　C. 孩子的姥姥姥爷（56.4%）

　　D. 孩子的哥哥或姐姐（大带小）（45.4%）

7. 您了解自己孩子所在班级有二孩的家庭并和这些家长有过关于养育二孩的经验交流吗？

　　A. 有了解，经常交流（12.5%）

　　B. 有了解，但很少交流（53.5%）

　　C. 没有了解和交流（34%）

8. 您就二孩教育过程中遇到的问题，和您孩子所在班级的教师进行过沟通和交流吗？

　　A. 经常沟通交流（12.4%）

　　B. 偶尔沟通交流（50%）

　　C. 没有沟通交流（37.6%）

9. "全面二孩"政策下，学龄前儿童数量增加，您觉得这会造成您的孩子入园难、入好园更难的问题吗？

　　A. 会（79.8%）

　　B. 不会（20.2%）

10. 养育两个孩子，会影响您家庭中对孩子的教育投资吗？

　　A. 有很大影响（17.5%）

　　B. 有一点影响（36.5%）

　　C. 没有影响（46%）

11. 如果幼儿园利用微信平台创建"二孩家园共育合作交流学习群"，您愿意积极参加吗？

　　A. 愿意（95%）

　　B. 不愿意（5%）

4类家庭调查结果统计：

4类家庭调查（不想要二孩家庭）两园共发放调查问卷120份，收回119份，回收率99%。其中，少数民族家庭为67份，占调查问卷的56%；汉族家庭为52份，占调查问卷的44%。调查内容和结果统计如下。

在"全面二孩"政策下，您不想要二孩的原因是什么？（可多选）

　　A. 经济方面的原因（19.3%）

　　B. 自己工作忙没有精力带二孩（75.6%）

　　C. 家中没有老人帮忙带二孩（38.7%）

　　D. 觉得生二孩会影响自己现在的生活品质（19.3%）

　　E. 觉得自己年龄偏大，不适合生育（21.8%）

　　F. 其他原因（3.2%）

四、现状分析

从家长反馈回来的调查数据统计结果可以看出。

（1）被调查已有二孩家庭中，两个孩子在性别上以一男一女的家庭居多，占一半以上；两个男孩和两个女孩的家庭合计占近一半，男女出生比例比较均衡。两个孩子年龄之间的差距为2～6岁；被调查的二孩中，已入园幼儿占52.5%，属于未来三年入园的占47.5%，没有明显的出生高峰现象。

（2）因青海省为多民族聚集省份，在被调查的二孩家庭中，少数民族家庭较多，均可享受国家"少数民族可以生二孩"的政策，有明显的民族地域特色。另外，还有享受国家"单独二孩"政策的。在二孩家庭教育指导方面要因地制宜，进行个性化家庭指导。

（3）在父母对生育二孩好处和焦虑的调查中，家长们觉得生二孩最大的好处是让孩子有个玩伴，有益孩子的身心健康成长，有利于孩子养成谦让、互帮互助、换位思考、分享合作等良好品格；最大的焦虑是如何给两个孩子平等的爱以及自己无法兼顾工作和照顾两个孩子。

（4）在家庭经济压力方面，半数以上家庭觉得养育两个孩子压力一般；36.5%的家庭认为在对孩子的教育投资方面有一点影响。

（5）作为母亲，面临二孩的养育和教育问题，最希望家庭成员中的父亲参加，也特别希望家中的祖辈和自己的大宝可以帮助带二宝。多数母亲希望在二孩的教育过程中能"全家总动员"，帮助自己分担身心压力。

（6）关于二孩教育问题，大部分家长都较少和孩子班级老师及孩子所在班级二孩家长进行主动交流和沟通。

（7）"全面二孩"政策下，对于二孩入园问题，近80%的家庭都觉得有入园难、入好园更难的担忧。

（8）倡议幼儿园利用网络平台创建"二孩家园共育合作交流学习群"，95%的家长都愿意积极参加。

五、对策和建议

随着教育理论的进一步改革和发展，家园合作共育已成为新

时代幼儿教育中的一个重要课题。本研究采用问卷调查法，通过全面的问卷调查与结果分析，摸清二孩家庭教育现状，总结二孩家庭结构及家长在养育过程中关心的问题，寻求解决方法。在国家"全面二孩"政策下，结合青海省民族地区二孩特色，为有针对性地进行二孩家庭教育指导策略，提高二孩家长教育水平提出个人建议。

（一）建立尊重理念下的家园教育共同体

在幼儿园尊重教育理念的引领下做尊重幼儿的教育，尊重教育规律、尊重幼儿、尊重家长。在尊重的基础上，做好家园教育共同体，结合青海省多民族聚集的地域特点，携手家长一起做好"全面二孩"政策下的教育。面对新的挑战和问题，做好尊重的二孩教育。

（二）指导家长借鉴经验，给二孩特别而适宜的爱

从调查中可以看出家长已有的经验优势。

（1）家长在教养孩子方面已有一定的经验积累，养育二宝会比第一个孩子更得心应手。

（2）家长在心理上已有充足准备，在二宝教育和习惯培养方面可以更有效地避免一些误区，减少很多不必要的教育焦虑。

（3）家长在养育孩子方面能够顺其自然，不会过分尊崇五花八门的育儿经验。

（4）家长知道父母的陪伴对孩子的身心健康至关重要，因此会在家庭中尽量多留出一些时间陪孩子读书、听音乐、亲近大自然、旅游等。

（5）家长因为有了大宝的教育经验，能够更好地做好二宝入园前的家幼衔接工作。

（6）在生活中家长能及时转换角色，不仅是父母，也是孩子的好朋友。教育上更多元化，更有耐心，更加尊重孩子。

（7）家长在教育孩子过程中遇到问题，不会一味地发火和指责孩子，而是冷静地思考自己和孩子之间发生了什么事情，能控制自己的情绪。

（8）家长吸取大宝养育中的经验教训，坚持母乳喂养，孩子更健康。

（9）家长在养育二宝时已储备了丰富的育儿知识，能够科学、合理、全面地护理二宝；更加注重孩子心智的培养，能够合理规划孩子的长远发展。

同时，针对家长普遍感到棘手的"如何给两个孩子平等的爱""如何解决两个孩子间的矛盾"等问题，我们也有指导家长的正确教育策略。

（1）作为家长，要言传身教，事事做孩子的表率。父母是一面镜子，应注意一言一行的潜移默化影响。养育孩子的过程也是自己成长的过程，家长应学会重新审视自己的生活。

（2）两个孩子之间闹矛盾，孩子的问题让孩子自己解决，父母尽量别干预。在家庭中，鼓励两个孩子多交流，对孩子的情商和智商都有很大帮助。让两个孩子形成团队，互相喝彩。在家庭教育中，可以让大宝充当二宝的"小老师"角色。

（3）在面对两个孩子的时候，爱不是平分，而是给每个孩子特别而适宜的爱。

养育两个孩子不是简单的"2=1+1"，教育对了，两个孩子可以一起快乐成长，而且他们会成为世界上最好的朋友、最近的亲人、最得力的帮手、最可信赖的人。孩子之间会有天然的竞争，

所以，要品尝"家有二宝"的甜蜜，也要面对两孩之间的竞争，家长应使竞争变为良性竞争，增进孩子们的手足之情，促进他们的长远发展。

（三）做好"好家庭、好家风、好家教"的重建

因为二宝的出生，为了方便照顾两个孩子，许多二宝家庭将老人接到家中一起住，以往的三口之家又回归到祖孙三代同堂的中国传统大家庭，更有利于培养孩子尊老爱幼、互相谦让、分享的好品德。父母要统一家庭中祖辈和自己之间的教育观念，协调家庭成员之间的关系，做好家庭教育规划，营造良好的家庭氛围，传承良好家风。在家庭中，父亲应积极参与到孩子教育的全过程，关注二孩母亲的身心压力，爱孩子请从爱孩子的妈妈开始！

（四）教师要积极关注二孩家庭的教育指导

幼儿园教师要关注二孩教育，关注二孩家庭子女的心理变化与心理需求，及时与家长沟通。面对幼儿的心理变化，幼儿园教师应加强家庭教育指导，要充分了解独生子女家庭、二孩家庭和隔代教育家庭等不同类型家庭育儿过程中遇到的问题，提高家庭教育指导的针对性。健全家园联系机制，让家长及时掌握孩子心理及行为动态。开展个性化的家庭教育指导，必要时入户指导。教师要调动家长的参与度，让家长积极参与幼儿园的教育活动，明确家园合作共育教育目标。

（五）幼儿园为二孩家庭创建多种形式的交流平台

（1）幼儿园建立家园共育App和二孩教育微信公众号，增进幼儿园和家庭、老师和家长、家长和家长、孩子和孩子之间的沟通和交流。

（2）幼儿园开展二孩家庭沙龙活动，进行"如何给两个孩子平等的爱与尊重""如何让大宝参与二宝的出生""不同性别结构的二孩家庭如何施教"等专题活动。

（3）进行有关二孩教育的家访活动，让教师和父母彼此就二孩的教育有更多了解和沟通。

（4）幼儿园推荐一些适合二孩教育的绘本和家庭教育类书籍，让家长阅读、学习。

（5）幼儿园组织播放一些有关二孩美好生活的视频、电影等。

（6）幼儿园开展混龄班教育，让幼儿在班级中当大哥哥、大姐姐，渗透手足之情的情感教育。

（7）幼儿园在区域活动娃娃家中开展"家有二宝"主题角色扮演活动，通过家庭角色游戏，让孩子感受当哥哥、姐姐照顾弟弟、妹妹的幸福感。

（8）幼儿园提供合适的机会，让二孩带自己的兄弟姐妹来幼儿园参观、玩耍，增强两个孩子间的手足亲情。

（9）幼儿园在运动会等大型亲子活动中，增设一些一家两个孩子都能共同参加的"全家总动员"亲子活动，让孩子在幼儿园体验兄弟姐妹互帮互助的亲情；在幼儿园六一演出时增设二孩参加的节目。一是有助于培养两个孩子团结协作、和谐共生的手足情；二是有利于增加家长兼顾两个孩子的陪伴亲子情；三是对独生子女家庭起到一定的宣传作用，符合国家鼓励二孩生育的政策。

通过对幼儿园二孩家庭现状调查结果进行科学的统计和分析，我们从幼儿园、家庭、教师、家长、幼儿等多方面提出自己的指导策略，构筑家长与幼儿园之间良好沟通的桥梁，使家长们

能更全面地了解幼儿在园的各种情况，进一步提升家长的教育能力。随着二孩时代的到来，我们呼唤家长、社会、幼儿园建立教育共同体，让二孩教育回归科学和理性，提高幼儿园家园共育合力，让每个孩子都能度过健康而又快乐的童年！

（本调查报告荣获2018年青海省学前教育学会优秀论文二等奖）

中期报告

一、课题的提出

自实行"全面二孩"政策以来，我国学前教育面临新的挑战。一是实施"全面二孩"政策后，中国的人口生育率有所上升，对教育的需求会相应增加。二是教育质量面临挑战。随着社会经济的不断发展，人们对教育的需求不再局限于"有学上"，而上升为"上好学"。《幼儿园教育指导纲要》中明确指出："家庭是幼儿园重要的合作伙伴。应本着尊重、平等、合作的原则，争取家长的理解、支持和主动参与，并积极支持、帮助家长提高教育能力。""幼儿园应与家长密切配合，共同为幼儿创造一个良好的成长环境。"幼儿的身心发展应在良好的教育环境中实现。家庭、幼儿园是幼儿发展的两大环境。

为了更好地开展"'全面二孩'政策背景下，家园共育合作指导策略的研究"课题活动，我们从幼儿园、家庭、教师、家长、幼儿等多方面提出自己的指导策略，构筑家长与幼儿园之间良好沟通的桥梁，使家长们能更全面地了解幼儿在园的各种情况，进一步提升家长的教育能力。随着"全面二孩"时代的到来，我们呼吁家长、社会、幼儿园建立教育共同体，让二孩教育回归科学和理性，形成幼儿园家园共育合力，让每个孩子都能拥有健康而又快乐的童年！

二、课题核心概念及界定

随着教育理论的进一步改革和发展，家园共育已成为新时代幼儿教育中的一个重要课题。家园合作共育是指幼儿园和家庭对幼儿共同实施教育，促进幼儿的健康发展。在现代信息社会飞速发展的背景下，如何做好家园合作共育，如何取得家园合作共育的高实效，是我们必须深入研究、解决的问题。在"全面二孩"政策下，二孩家庭教育问题成为家长关注的问题和家庭教育的热点问题。本课题通过全面的问卷调查与结果分析，总结幼儿园二孩家庭的结构及家长在养育二孩过程中关心的问题，从而摸清幼儿园二孩教育现状，寻求解决的方法。在"全面二孩"政策下，结合青海省民族地区二孩特色，进行了有针对性的二孩家庭教育指导策略研究。

三、研究目标

（1）帮助二孩家庭家长树立正确的教养观念，建立尊重理念下的家园教育共同体理念。

（2）指导家长借鉴已有的育儿经验，给大宝、二宝特别而适宜的爱。

（3）指导家长整合"全家总动员"教育资源，通过家园合作优化二孩家庭教育，提高家庭教育的有效性。

四、研究内容

（1）调查了解二孩家庭教育现状及存在的问题。

（2）幼儿园指导二孩家庭借鉴已有的育儿经验，科学合理地给予大宝、二宝特别而适宜的爱，整合家庭和幼儿园的教育资源。

（3）家园合作探索二孩家庭教育，进行家园合作有效性策略的研究。

五、研究方法

（1）调查法：调查了解二孩家庭教育现状及存在的问题。

（2）观察法：通过观察，及时发现问题，提出有效解决问题的措施，总结教育经验。

（3）个案追踪法：针对班里比较典型的二孩家庭，在观察指导的同时更多地摸索一些家园合作策略，及时且有针对性地调整教育方法和内容。

（4）文献研究法：通过查阅有关文献，借鉴和学习与本课题有关的理论知识。

六、研究对象

（1）选定幼儿园小、中、大班各一个班作为课题实验班，成立课题研究小组。

（2）实验班选定自己班级中有二孩的家长加入班级课题小

组，参与课题研究。

七、研究步骤

根据研究的实际情况，我们分为以下三个阶段开展课题研究。

（一）课题第一阶段（2017年8—12月）

进行幼儿园第一期的微信调查，针对青海省六一幼儿园城西区总园779名幼儿家庭和城东区分园256名幼儿家庭，对"全面二孩"政策下的家庭人员结构变化进行了一次千人普查。在对第一期调查问卷结果统计分析后，我们有针对性地进行了第二期问卷调查。第二期问卷两园总共发放调查问卷400份，其中，发放给1类家庭（已育有两个孩子）和2类家庭（已育一个孩子，二孩已怀还未出生）的问卷共280份，收回280份，回收率100%；发放给4类家庭（已育一个孩子，不想要二孩）的问卷120份，收回119份，回收率99%。在完成两次调查的基础上，我们撰写了"'全面二孩'政策背景下，家园共育合作指导策略的研究"调查报告。

（二）课题第二阶段（2018年1—3月）

在课题调查的基础上，课题组首先选定了大、中、小各一个班作为实验班进行试点。召集实验班二孩家庭积极加入课题主持人组建的"家有二宝"课题微信群。召开以班级为小组的课题家长会，向家长详细介绍课题研究的目的与意义，以及课题研究的计划等。每学期开展两次"家有二宝"专题培训活动（包括课题组和班级培训），学期末召开一次"家有二宝"经验总结和交流会。

（三）课题第三阶段（2018年3—12月）

这一阶段的主要任务是实施研究计划，反思、总结中期成果，结合实际查验效果，进行成果汇报展。

（1）组织课题组教师开展"'家有二宝'亲子阅读指导活动"主题系列教育活动。组织课题实验班教师，在学习过程中，以提升实验班教师参与课题研究的积极性和主动性、提高教师的家园合作能力为目的，开展多种形式的教研活动。课题组教师围绕课题研究每半月开展一次教研活动，活动流程从引导教师学习家园合作相关理论入手，让教师在每次教研活动中都能成为学习的主人。重点从绘本教学活动入手，进行"家有二宝"主题教育系列活动，学期末开展"家有二宝"绘本教学活动开放观摩研讨。目前，课题组教师正在进行主题教育活动课程设计，计划在2018年12月进行为期四周的"家有二宝"主题教育活动。

（2）推荐适合二孩家庭阅读的优秀阅读绘本，组织图书漂流活动。组织家长每周五到幼儿园课题组借阅图书，并在课题组微信群进行交流，撰写亲子阅读心得并分享。

① 推荐给二孩家庭亲子阅读的绘本

推荐绘本书目：《分享的快乐》、《我是大姐姐》、《大宝小宝向前冲》、《分享》、《在一起》、《你们都是我的最爱》、《我当大姐姐了》、《爱是什么》、《小凯的家不一样了》、《妈妈肚子里有座房子》、《家里有了新宝宝》、《彼得的椅子》、《妈妈的魔法肚子》、《艾莫有了个小弟弟》、《嘘，弟弟在睡觉》、《小弟弟要来了》、《阿惠和妹妹》、《我会有个弟弟吗？》、《向日葵笑了》、《我要出生了》、

《我是大哥哥》、《我会上厕所》（男孩）、《我会上厕所》
（女孩）。

② 组织开展二孩家庭亲子阅读故事交流活动——"家有二
宝"亲子阅读故事案例

共读亲子绘本让手足更有爱

家庭信息：

父亲年龄：31岁　职业：工程师

母亲年龄：32岁　职业：文员

大宝年龄：5岁　性别：男　　班级：中班

二宝年龄：1岁　性别：男　　班级：未入园

自我家有了二宝以后，家庭教育就面临着新的挑战。为了更
好、更顺利地培养和教育两个孩子，使两个孩子建立和谐亲密的
手足之情，幼儿园课题组开展了"'全面二孩'政策背景下，家
园共育合作指导策略的研究"活动，帮助我们有针对性地进行二
孩家庭的教育指导，从而提升家长的二孩教育水平。

幼儿园为掌握二孩家庭的结构及家长在养育过程中关心的问
题，摸清二孩教育现状，帮助家长指出存在的问题，寻求解决方
法，特别推荐了在二孩时代适合爸爸妈妈和大宝小宝一起阅读的
亲子绘本。当家里迎来新的小宝宝时，年长的孩子们就需要一些
额外的指导、额外的肯定和额外的爱，这能帮助他们适应自己的
新角色。

我家大宝就是这样一个角色，他跟我们一样激动地迎接家
里的新成员，从此他就是大哥哥了，也知道以后他就不再孤单

了。他期待着和弟弟一起玩车、踢球、做游戏。正如他所愿，四岁时，他有了自己的小弟弟，所以更加开心，因为男孩之间会有共同的喜好和话题。可是，他发现这个肉乎乎的小宝宝还不会走路、不会说话、不会玩玩具，他似乎只喜欢睡觉、喝奶，喜欢安静温暖的地方，但是，他也很想像妈妈一样抱抱弟弟，照顾弟弟，给弟弟唱儿歌，帮弟弟取尿布等等。他经常问我："妈妈，弟弟什么时候能和我一起玩？"慢慢地，大宝觉得弟弟很没意思，他有点小失望，但他还是很喜欢弟弟，时不时地逗逗弟弟，还喜欢闻弟弟身上的味道，他也经常会要求我们，"把弟弟抱过来，我要跟他玩一会儿"。其实他只要觉得弟弟在他身边他就开心了吧。弟弟也慢慢长大了，现在一岁多，两个宝宝很亲密，也很喜爱对方。

当然，他们也会有很多让我苦恼的地方，大宝虽说喜爱弟弟，但也常常掌握不好轻重，当他因不知道怎么去和弟弟相处或玩耍而伤到弟弟被责备的时候，无辜的表情又让我们有一丝丝的愧疚。当他忌妒和生气的时候，我们还需要选择合适的方式去跟他沟通，需要更加努力地去理解他，照顾他的情绪，还要经常刻意地去表扬他好的行为。比如，经常说"哥哥真厉害，弟弟以后要向哥哥学习哦。""哥哥好有爱，对弟弟这么好，可真棒啊！""谢谢哥哥帮我们拿尿布，真是妈妈的小帮手！"等类似这样的话。哥哥是一个心思细腻且敏感的孩子，有时，他会默默地观察爸爸妈妈是怎样对小宝宝的，又是怎样对他的，会突然问我："妈妈，为什么你对弟弟总是笑嘻嘻，对我就这么凶？""为什么弟弟犯了错，你就只说他一句，我犯了错，你就一直说我"哥哥的问题时常让我无言以对，并感到惊异。原来，孩子的感受和认知竟在我们父母的一言一行、一举一动中。我会常常拥抱他，耐心地向他解释，小宝宝和大宝宝是有着不同的需要和限制的，年龄阶段不一样，爸爸妈妈对你们的约束和要求也是不一样的。

总之，不论我们说了多少，孩子是不一定能完全接受和理解的，尽管他表面上是愿意理解的，但真正让他平静的是妈妈的一个拥抱、一个亲吻。因此，一直以来，我会更加关注大宝的内心，陪伴大宝更多一些，家里人也会误认为我是偏心老大的。我要让大宝明白，无论家里多了一个弟弟还是妹妹，爸爸妈妈都会一如既往地去关爱他，要让他明白，他是特别的，是这个世界上独一无二的。

绘本读到最后，我们也给大宝看了他小时候的照片和视频，和他一起回忆了很多他小时候的事情，他也会觉得很甜蜜、很幸福，觉得爸爸妈妈还是很爱他的，最终也满足地笑了。相信他会从这些绘本里慢慢体会到手足的幸福与欢乐，能感受到当哥哥的责任与担当，也希望我们家的这个大哥哥能很快进入哥哥的角色，真正懂得如何去照顾弟弟，如何更好地和弟弟相处，在他们的成长中建立起爱的牵挂。

（3）指导二孩家庭开展"家有二宝"教育故事征集活动，进行家园共育指导策略的研究。课题组将家长在二孩教育中的焦虑情绪作为关注点，让家长通过撰写"家有二宝"故事，分享家庭教育中关于二孩教育的经验和遇到的问题，为后续课题研究提供更加客观和有针对性的方向。

"家有二宝"亲情故事案例展示：

爸爸妈妈的爱一直都在

由于是怀第二胎，准妈妈身体很疲惫，怀孕期间，大宝也常常会为妈妈做点儿力所能及的家务。终于等到了二宝出生的那一天，二宝也是个男孩。本以为电话那头的大宝听到这个消息会很开心，可是，从电话那头的声音听不到丝毫的喜悦，反而从大宝的语气中感觉到了沮丧。为了安抚大宝的情绪，爸爸提前准备了很多玩具，分给在场的所有亲友，当大宝来到医院时，大家纷纷送上祝福，恭喜大宝有了弟弟，当了哥哥，大宝开心地笑了，并主动将玩具分给弟弟，说以后要保护弟弟。妈妈和爸爸悬着的心终于放下了。只要孩子感受到爸爸妈妈的爱一直都在，那么，孩子心里所有的不安和恐惧都会消除。

接下来的日子里，作为父母的我们总会找机会和大宝一起回忆他的小时候，比如，二宝晚上夜奶时哭闹、大宝不耐烦的时候，我们会告诉大宝，他小时候哭得比弟弟声音洪亮多了。爸爸妈妈只能一遍遍地哄着，大宝也就静静地听着。突然有一天放学回家，大宝对我说："妈妈，今天晚上我帮你给弟弟喂奶吧。"或许在孩子感受父母给予的爱的同时，也渐渐用他的方式来爱我们。自从家里有了二宝，大宝比以前更懂事了，睡觉前抱抱弟弟、亲亲弟弟，用他稚嫩的方式表达着对弟弟的爱。

父母给你们最好的礼物——手足

我们家的二宝是在政策放开之前生的，因为爸爸是少数民族，两个孩子相差2岁8个月。很多人都说相差太小，可是，妈妈很坚定地生下了妹妹。原因只有一个，妈妈是独生女，知道一个人有多么孤独。而两岁多，正是一个妈妈身体能受得了、两个孩子可以当伙伴的年龄差。

在妈妈的坚持、爸爸的期待和老人们的支持下，哥哥2岁8个月的时候，妹妹来了。因为孕期的铺垫没有做好，对于妹妹的到来，哥哥还是懵懂而反感的。他会在妈妈亲妹妹小脸的时候远远地瞪着。会在妈妈哺乳妹妹的时候无理取闹地大喊大叫。在那段日子里，妈妈会反复问自己，这真的是我想要的吗。后来，妈妈看了很多二胎教育的实例和心得，恍然大悟，原来是妈妈对大宝的关心少了。从此，妈妈把对大宝的爱提到了日程的前列。大宝的变化很明显，变得活泼开朗，真正接受了家庭的新成员。

妹妹是幸运的，从小沐浴在爸爸妈妈和哥哥的爱中。她也从小都把哥哥当作偶像一样看待。如果哥哥闯祸淘气，妈妈作势要打哥哥，妹妹从来都是挡在前面："这是我的好哥哥，不许打他。"哥哥对妹妹的一点好，妹妹都如获珍宝。被妈妈训斥后，哥哥躺在妹妹腿上，妹妹幸福得不知道说什么好："妈妈你看，哥哥躺在我的腿上，多舒服啊！"看到这一幕，妈妈心里暖得像装了一个太阳。

真正让妈妈欣慰和感动的，是妹妹上幼儿园以后，大宝作为哥哥的变化，这种变化从家人到老师，再到身边的朋友亲戚，都很诧异和惊喜。在入园焦虑的这一个多月里，妹妹最盼望的就是上午大班做早操时看到哥哥的身影。小班郑老师发了孩子们的视频让家长安心，妈妈找了半天妹妹，最后，发现妹妹一个人站到大五班前面，看着哥哥跳早操。我想，妹妹那一刻心里应该是暖的，哥哥那一刻心里应该是骄傲的。

十月以后，幼儿园不让家长入班接送，哥哥充当了"护花使者"的角色，每天早上拉着妹妹的手，送哭得稀里哗啦的妹妹进班里，把她的外套脱下来挂到门口，把她交到老师手里，这时，妈妈的关注点不是妹妹哭，妈妈很自豪地看着兄妹俩的背影，竟然有一种踏实和放心的感觉。每个人都说，自从妹妹进了幼儿园，哥哥猛然长大了，其实妈妈内心知道，只要爸爸妈妈不在，哥哥就是男子汉，就是妹妹的那棵树。在父母老去离开的那一天，孩子们，这世界上还有爸妈给你们最珍贵的礼物——手足！

八、研究成果

通过对本课题的研究，达到了预期的成效。取得的阶段性成果如下。

（一）建立了尊重理念下的家园教育共同体

在幼儿园尊重教育理念的引领下，做尊重的幼儿教育，尊重教育规律、尊重幼儿、尊重家长。在尊重的基础上，做好家园教育共同体，结合青海省多民族聚集的地域特点，携手家长一起做好"全面二孩"政策下的教育。面对新的挑战和问题，做好尊重的二孩教育。

（二）指导家长借鉴经验，给二孩特别而适宜的爱

从调查结果可以看出家长已有的经验优势：家长在教养孩子方面已有一定的经验积累，养育二宝会比第一个孩子更得心应手；在心理上父母已有充足准备，在二宝教育和习惯培养方面，可以更有效地避免一些误区，减少不必要的教育焦虑；在养育孩子方面能够顺其自然，不会过分尊崇五花八门的育儿经验；知道父母的陪伴对孩子的身心健康至关重要，能尽量多地留出一些时

间陪孩子读书、听音乐、亲近大自然、旅游等；因有教育大宝的经验，能够更好地做好二宝入园前的家幼衔接；在生活中能及时转换角色，不仅是父母，也是孩子的好朋友。在孩子的教育上更多元化，会更有耐心，更加尊重孩子；教育孩子过程中遇到问题，不会一味地发火和指责孩子，而是冷静地去思考自己和孩子之间发生了什么事情，能控制自己的情绪；吸取喂养大宝的教训，坚持母乳喂养，孩子更健康；养育二宝时储备了丰富的育儿知识，能够科学、合理、全面地护理二宝；更加注重孩子心智的培养，能够合理规划孩子的长远发展。

同时，针对家长普遍感到棘手的"如何给两个孩子平等的爱""如何解决两个孩子间的矛盾"问题，我们也指导家长学习运用正确的教育策略。

（1）作为家长，要言传身教，事事做孩子的表率。父母是一面镜子，应注意一言一行的潜移默化影响。养育孩子的过程也是自己成长的过程，家长应学会重新审视自己的生活。

（2）两个孩子闹矛盾时，孩子的问题让孩子自己解决，父母尽量别干预。在家庭中鼓励两个孩子多交流，对孩子情商和智商的提升都有很大帮助。让两个孩子形成团队，互相喝彩。在家庭教育中，可以让大宝充当二宝"小老师"的角色。

（3）在面对两个孩子时，爱不是平分，而是给每个孩子特别而适宜的爱。

养育两个孩子不是简单的"2=1+1"，教育对了，两个孩子可以一起快乐成长，而且他们会成为世界上最好的朋友、最近的亲人、最得力的帮手、最可信赖的那个人。孩子之间会有天然的竞争，所以，要品尝家有二孩的甜蜜，也要面对二孩之间的竞

争，家长应使竞争变为良性竞争，增进孩子之间的手足之情，促进他们的长远发展。

（三）做好"好家庭、好家风、好家教"的重建

因为二宝的出生，为了方便照顾两个孩子，许多二宝家庭将老人接到家中一起住，以往的三口之家又回归到祖孙三代同堂的中国传统大家庭模式，更有利于培养孩子尊老爱幼、互相谦让、分享的好品德。我们要积极引导父母统一家庭中祖辈和父母之间的教育观念，协调家庭成员之间的关系，做好家庭教育规划。营造良好的家庭氛围，传承良的好的家风。在家庭中，父亲应积极参与到孩子的教育全过程，关注二孩母亲的身心压力，让父亲做到爱孩子从爱孩子的妈妈开始。

（四）教师积极关注二孩家庭的教育指导

课题实验班教师不仅要关注二孩教育，更要关注二孩家庭子女的心理变化与心理需求，及时与家长沟通。面对幼儿的心理新变化，课题组教师应积极加强家庭教育指导，充分了解独生子女家庭、二孩家庭和隔代教育家庭等不同类型家庭育儿过程中遇到的问题，提高家庭教育指导的针对性。健全班级家园联系机制，让家长及时掌握孩子心理及行为动态。开展个性化的家庭教育指导，教师要充分调动家长的参与度，让家长积极参与到幼儿园的教育活动中，明确家园合作教育目标，取得了很好的效果。

（五）幼儿园为二孩家庭创建多种形式的交流平台

（1）幼儿园建立"家有二宝"微信群，邀请班级所有二孩家长进群积极互动，增进幼儿园和家庭、老师和家长、家长和家长、孩子和孩子之间的沟通和交流。

（2）幼儿园开展二孩家庭沙龙活动，进行"如何给两个孩子

平等的爱与尊重""如何让大宝参与二宝的出生""不同性别结构的二孩家庭如何施教"等专题活动。

（3）进行有关二孩教育的家访活动，让教师和父母彼此就二孩教育有更多了解和沟通。

（4）幼儿园推荐一些适合二孩教育的绘本和家庭教育类书籍让家长阅读、学习。

（5）幼儿园组织播放一些有关二孩美好生活的视频、电影等。

（6）幼儿园开展混龄班教育，让幼儿在班级中当大哥哥大姐姐，渗透手足之情的情感教育。

（7）幼儿园在区域活动娃娃家中开展"家有二宝"主题角色扮演活动，通过家庭角色游戏，让孩子感受当哥哥姐姐照顾弟弟妹妹的幸福感。

（8）幼儿园提供合适的机会，让二孩带自己的兄弟姐妹走进幼儿园来参观、玩耍，增强两个孩子间的手足亲情。

（9）幼儿园在运动会等大型亲子活动中，增设一家两个孩子都能共同参加的"全家总动员"亲子活动，让孩子在幼儿园体验兄弟姐妹互帮互助的亲情；在幼儿园六一演出时增设二孩参加的节目——《多了一个你》，一是有助于培养两个孩子团结协作、和谐共生的手足情；二是有利于增强家长兼顾两个孩子的陪伴亲子情；三是对独生子女家庭起到一定的宣传作用，符合国家的二孩生育政策。

九、反思及问题

在课题研究过程中，课题组教师通过认真学习《幼儿园教

育指导纲要》《3—6岁儿童学习与发展指南》研究方案和相关理论，在第一时间转变观念，增强家园合作、共建园本课程的意识。每个教师都是课题的研究者，教师在研究过程中的成长是显而易见的，这加速了其向学习型、研究型教师的转变。

结题报告

一、课题的提出

自我国实行"全面二孩"政策后，学前教育面临新的挑战。一是开始实施"全面二孩"政策后，中国的人口生育率有所上升，对教育数量的需求会相应增加。二是教育质量面临挑战。随着社会经济的不断发展，人们对教育的需求不再局限于"有学上"，而上升为"上好学"。但是，二孩政策的实施使得许多家庭结构发生变化，由之前的"四二一"式转变为"四二二"式，孩子的家庭教育质量也有所下降。三是教育投资方面，家庭教育投资也会由一个孩子平均到两个孩子身上，许多家庭会面临教育投资的困境，继而减少孩子的教育经费。四是实施"全面二孩"政策后，教育资源地区分配不公平现象可能更为严重。

《幼儿园教育指导纲要》中明确指出："家庭是幼儿园重要的合作伙伴。应本着尊重、平等、合作的原则，争取家长的理解、支持和主动参与，并积极支持、帮助家长提高教育能力。""幼儿园应与家长密切配合，共同为幼儿创造一个良好的成长环境。"幼儿的身心发展应在良好的教育环境中实现。

为了更好地开展"'全面二孩'政策背景下，家园共育合作指导策略的研究"课题活动，我们从幼儿园、家庭、教师、家长、幼儿多方面提出自己的指导策略，构筑家长与幼儿园之间良好沟通的桥梁，使家长们更全面地了解幼儿在园的各种情况，进一步提升家长的教育能力。随着"全面二孩"时代的到来，我们呼吁家长、社会、幼儿园建立教育共同体，让二孩教育回归科学和理性，形成幼儿园家园共育合力，让每个孩子都能拥有健康而又快乐的童年！

二、课题核心概念及界定

随着教育理论的进一步改革和发展，家园合作共育已成为新时代幼儿教育中一个重要课题。家园合作共育是指幼儿园和家庭对幼儿共同实施教育，以促进幼儿的健康发展。在现代信息社会飞速发展的情况下，如何做好家园合作共育，如何取得家园合作共育的高实效，是我们继续深入研究、解决的问题。在"全面二孩"政策下，二孩家庭教育问题成为家长焦虑的问题和家庭教育的热点问题。本课题通过全面的问卷调查与结果分析，总结出幼儿园二孩家庭的结构及家长在养育二孩过程中关心的问题，从而摸清幼儿园二孩教育现状，寻求解决的方法。在"全面二孩"政策下，结合青海省民族地区二孩特色，有针对性地进行二孩家庭教育指导策略的研究。

三、研究目标

（1）帮助二孩家庭的家长树立正确的教养观念，建立尊重理

念下的家园教育共同体理念。

（2）指导家长借鉴已有育儿经验，给大宝、二宝特别而适宜的爱。

（3）指导家长整合"全家总动员"教育资源，家园合作优化二孩家庭教育，提高家庭教育的有效性。

四、研究内容

（1）调查了解二孩家庭教育现状及存在的问题。

（2）幼儿园指导二孩家庭借鉴已有育儿经验，科学合理地给予大宝、二宝特别而适宜的爱，整合家庭和幼儿园教育资源。

（3）家园合作探索二孩家庭进行家园共育有效性策略的研究。

五、研究方法

（1）调查法：调查了解二孩家庭教育现状及存在的问题。

（2）观察法：通过观察，及时发现问题，提出有效解决问题的措施，总结教育经验。

（3）个案追踪法：针对班里比较典型的二孩家庭，在观察指导的同时更多地摸索一些家园共育策略，及时且有针对性地调整教育方法和内容。

（4）文献研究法：通过查阅有关文献，借鉴和学习与本课题有关的理论知识。

六、研究对象

（1）选定幼儿园小、中、大班各一个班作为课题实验班，成立课题研究小组。

（2）各班选定班级内有二孩的家庭加入班级课题分组，参与课题研究。

七、研究步骤

根据研究的实际情况，我们分为四个阶段开展了课题研究。

（一）课题第一阶段（2017年8—12月）

进行全园第一期的微信调查，针对青海省六一幼儿园城西区总园779名幼儿家庭和城东区分园256名幼儿家庭，对"全面二孩"政策下的家庭人员结构变化进行了一次千人普查。在对第一期调查问卷结果统计分析后，我们有针对性地进行了第二期的问卷调查。第二期问卷两园总共发放调查问卷400份，其中，发放给1类家庭（已育有两个孩子）和2类家庭（已育一个孩子，二孩已怀还未出生）问卷共280份，收回280份，回收率100%；发放给4类家庭（已育一个孩子，不想要二孩）问卷120份，收回119份，回收率99%。在完成两次调查的基础上，我们撰写了"'全面二孩'政策背景下，家园共育合作指导策略的研究"调查报告。

（二）课题第二阶段（2018年1—3月）

在课题调查的基础上，幼儿园二孩课题组首先选定大、中、小各一个班作为实验班进行试点。召集实验班二孩家庭积极加入"家有二宝"课题微信群。召开以班级为小组的课题家长会，向家长详细介绍了课题研究的目的与意义以及课题研究的计划等。每学期开展两次"二孩教育"专题培训活动（包括课题组和班级培训），学期末召开一次"家有二宝"经验总结和交流会。

（三）课题第三阶段（2018年4—12月）

这一阶段我们的主要任务是实施研究计划、反思，结合实际查验效果，并进行成果汇报展。

（1）组织课题组教师开展"'家有二宝'绘本教育活动"课程设计和系列教育活动。组织课题实验班教师在学习过程中，以提升实验班教师参与课题研究的积极性和主动性、提高教师的家园合作能力为目的，开展多种形式的教研活动。课题组教师围绕课题研究每半个月开展一次教研活动，活动流程从引导教师学习家园合作相关理论入手，让教师在每一次教研活动中都能成为学习的主人。重点从绘本教学活动入手，进行"家有二宝"主题教育系列活动，学期末开展"家有二宝"绘本教学活动开放观摩研讨。

（2）指导二孩家庭开展"家有二宝"教育故事征集活动，进行家园共育指导策略的研究。课题组将家长在二孩教育中的焦虑情绪作为关注点，让家长通过撰写"家有二宝"故事，分享家庭教育中关于二孩教育的经验和遇到的问题，为后续课题研究提供更加客观和有针对性的方向。

（四）课题第四阶段（2019年1—12月）

这一阶段的主要任务如下。

（1）幼儿园课题组推荐给家庭父母阅读《你的N岁孩子》0～6岁丛书，开展课题实验班微信群读后感分享及阅读征文比赛活动，提升二孩家庭家长科学育儿的能力。

（2）结合二孩主题绘本，开展课题实验班二孩家庭绘本亲子阅读，指导教学课程的实践研究和二孩绘本图书漂流活动。

（3）整理汇编课题课程资料并进行课题结题工作。

八、研究成果

通过本课题的研究，达到了预期的成效，取得的课题研究成果如下。

（一）建立了尊重理念下的家园教育共同体

在幼儿园尊重教育理念的引领下，做尊重的幼儿教育，尊重教育规律、尊重幼儿、尊重家长。在尊重的基础上，做好家园教育共同体，结合青海省多民族聚集的地域特点，携手家长一起做好"全面二孩"政策下的教育。面对新的挑战和问题，做好尊重的二孩教育。在二孩家庭中，充分发挥家庭教育资源，凸显"全家总动员"教育模式。在幼儿园的引领下，二孩家庭中参与孩子教育的主角已经从妈妈到爸爸再到祖辈齐努力，统一了家庭教育理念，每个家庭都会从以"大宝小宝"为主体的教育理念出发，针对两个孩子的不同年龄、性别及个性特点因材施教，让大宝小宝学会互相关心，互相分享，共同快乐成长！

（二）提升了教师指导二孩家庭教育的水平

课题实验班教师不仅要关注二孩教育，更要关注二孩家庭子女的心理变化与心理需求，及时与家长沟通。面对幼儿的心理新变化，课题组教师应积极加强家庭教育指导，充分了解独生子女家庭、二孩家庭和隔代教育家庭等不同类型家庭育儿过程中遇到的问题，提高家庭教育指导的针对性。健全班级家园联系机制，让家长及时掌握孩子的心理及行为动态。开展个性化的家庭教育指导，教师要充分调动家长参与的积极性，让家长积极参与到幼儿园的教育活动中来，明确家园共育的教育目标，取得了很好的效果。建立"家有二宝"课题微信圈，邀请班级所有二孩家长进

群积极互动，增进幼儿园和家庭、教师和家长、家长和家长、孩子和孩子之间的沟通和交流。开展二孩家庭沙龙活动，进行"家有二宝亲情故事""家有二宝绘本亲子阅读故事""《你的N岁孩子》读书心得交流"等专题活动。同时，班级教师积极组织二孩家长进课堂，开展绘本亲子阅读教学活动，在活动中让家长学会带着"问题"和孩子共读二孩亲子绘本，通过阅读现场观察指导的策略，迅速提升家长的家庭教育水平。

（三）重建了二孩家庭"好家庭、好家风、好家教"

因为二孩的出生，许多二孩家庭为了方便照顾两个孩子，将老人接到家中一起住，以往的三口之家又回归到祖孙三代同堂的中国传统大家庭模式，更有利于培养孩子尊老爱幼、互相谦让、分享的好品德。我们要积极引导父母统一家庭中祖辈和父母之间的教育观念，协调家庭成员之间的关系，做好家庭教育规划。营造良好的家庭氛围，传承良好家风。在家庭中，父亲应积极参与到孩子教育的全过程，关注二孩母亲的身心压力。在二孩家庭中倡导互相谦让、互相关爱等中华民族传统美德，引领二孩家庭从亲子阅读入手，做好书香家庭的建设。

（四）形成了"二孩绘本课程"和一些课题成果

1."家有二宝"课题研究汇编

（1）课题研究开题报告

（2）课题第一期微信调查问卷及结果分析

（3）课题第二期问卷调查及调查报告

（4）课题中期报告

（5）课题二孩绘本亲子阅读指导活动课程教案

《彼得的椅子》

《大宝小宝向前冲》

《妈妈的魔法肚子》

《我会有个弟弟吗？》

《分享》

《妈妈肚子里有座房子》

《我是大哥哥》

《我是大姐姐》

《我会上厕所》（男孩）

《我会上厕所》（女孩）

（6）课题论文

（7）课题结题报告

2."家有二宝"课题成果汇编

（1）家有二宝亲情故事

（2）家有二宝亲子阅读故事

（3）《你的N岁孩子》家长阅读心得

3."家有二宝"课题课程汇编

略。

九、反思及问题

在课题研究过程中，幼儿园教师通过认真学习《幼儿园教育指导纲要》《3—6岁儿童学习与发展指南》和家庭教育相关理论，第一时间转变了观念，增强了家园合作、共建园本课程的意识。每个教师都是课题的研究者，教师在研究过程中的成长是显而易见的，这加速了教师向学习型、研究型教师的转变。

在课题研究中我们也发现，在对指导家长整合"全家总动

员"教育资源时，对父职教育和祖辈教育资源的研究还有待进一步深入挖掘；在结合当地少数民族二孩家庭和汉族二孩家庭在家庭教育指导策略的比较研究时，没有进行深入探索。在今后的课题研究中，我们将针对这些方面做更加深入的实践和探索，优化家园合作下二孩家园共育的有效性，从而促进二孩家庭的大宝小宝一起健康快乐成长！

"全面二孩"时代背景下，家长助教活动指导策略的研究

一、课题的提出

美国早在五十多年前就在各学校（幼儿园）掀起了家长助教活动之风。何谓家长助教？即每个家庭中的爸爸或妈妈轮流到幼儿园里，和孩子、老师一起共度半天或一天的幼儿园生活。以便增进家园成员彼此之间的了解和感情，合力促进孩子的发展。目前，部分幼儿园老师工作量大，如果每天能够有1～2名家长进入班级进行助教，对于孩子的社会性发展显然是非常有利的。目前，幼儿园的家长开放日活动，或多或少有"导演"痕迹。开放日活动的每个环节是经过精心设计、细致安排的。家长助教的加入，使班里成人数量增加，意味着对孩子的关注也会随之增强。因此，课题组结合亲子共读二孩绘本主题活动，开展了家长助教活动指导策略的研究。

二、课题核心概念及界定

《幼儿园教育指导纲要》中明确指出："家庭是幼儿园重

要的合作伙伴。应本着尊重、平等、合作的原则，争取家长的理解、支持和主动参与，并积极支持、帮助家长提高教育能力。""家长助教"是课题组有目的、有计划地邀请有一定助教能力的二孩家长，参与完成亲子共读二孩主题绘本活动的课题研究。"家长助教"使家长角色从原来幼儿教育的旁观者、监督者、被指导者，转变为现在的合作者、支持者、参与者。

三、研究目标

（1）""'全面二孩'政策背景下，家园共育合作指导策略的研究"课题中，把"家长助教"融入幼儿园亲子共读活动的模式与经验。

（2）""'全面二孩'政策背景下，家园共育合作指导策略的研究"课题中，提高家长助教融入幼儿园亲子共读活动的有效性。

四、研究内容

（1）研究"家长助教"融入幼儿园班级亲子共读活动的主要模式、途径与方法。

（2）探究、总结"家长助教"融入幼儿园班级亲子共读活动的有效手段与经验。

五、研究方法

（1）调查法：调查了解二孩家庭亲子共读现状及存在的问题。

（2）观察法：通过观察，及时发现问题，提出解决问题的有效措施，总结教育经验。

（3）个案追踪法：针对班里比较典型的二孩家庭，在观察指导的同时更多地摸索一些家园共育策略，及时、有针对性地调整教育方法和内容。

六、研究对象

选定小、中、大班二孩家长参与幼儿园班级亲子共读二孩主题绘本活动，成立班级课题家长活动小组。实验班教师邀请家长填写《家长助教报名表》，指导"家长助教"开展班级亲子共读助教活动研究。

七、研究步骤

（一）家长助教培训

"家长助教"是二孩课题研究中推出的一项新举措，是有目的、有计划地邀请有一定助教能力的二孩家长，参与班级课题活动，并和教师共同完成"家有二宝"亲子共读绘本活动课题研究。"家长助教"使家长角色从原来幼儿教育的旁观者、监督者、被指导者，转变为现在的合作者、支持者、参与者。为了使家长尽快胜任助教角色，课题组将家长助教和教师的学习和培训放在首位，针对双方需求，有效地促进双方的成长。

（1）每学期开展两次助教培训活动（包括课题组和班级培训）。

（2）家园合作活动开放观摩研讨。

（3）每学期末召开一次教师和助教经验总结和交流会。

（二）深化课题教研活动，提升教师教研水平

在教师学习过程中，我们以提升实验班教师参与课题研究

的积极性和主动性、提高教师的家园共育合作能力为目的,开展多种形式的教研活动。课题组教师围绕课题研究每半个月开展一次教研活动,活动流程从引导教师学习家园共育合作相关理论入手。活动前,课题组会组织教师和助教共同开展交流研讨,并及时记录、整理和交流;活动后,教师和助教共同撰写活动反思。这些措施切实提高了教师、家长助教的家园共育合作能力。正是这样一个螺旋式上升的教研过程,让教师在每次教研活动中都能成为学习的主人。

(三)开展家园合作活动,丰富二孩绘本阅读课程内容

从2018年3月开始,每学期初要求实验班级教师根据亲子共读二孩主题绘本活动需要,不断寻找家长资源和主题活动的契合点,并及时与家长交流课程开展情况,教师要了解幼儿需要—生成主题—联系助教—讨论方案—实施教学—反思交流;家长要了解主题—参与研讨—确定方案—实施教学—交流感受。围绕"家有二宝"亲子共读活动开展了:小班《我是大哥哥》、《我是大姐姐》、《我会上厕所》(男孩)、《我会上厕所》(女孩);中班《我会有个弟弟吗?》《分享》《妈妈肚子里有座房子》;大班《彼得的椅子》《大宝小宝向前冲》《妈妈的魔法肚子》等家长助教进课堂活动。在活动中研究"家长助教"融入幼儿园班级亲子共读活动的主要模式、途径与方法;探究、总结"家长助教"融入幼儿园班级亲子共读活动的有效手段与经验,同时确定不同年龄段幼儿开展班级亲子共读"家长助教"活动的内容与方式,通过课题研究取得了丰硕成果。

八、研究成果

通过本课题的研究，达到预期的成效。取得的阶段性成果如下。

（一）幼儿的社会性发展有明显提高

（1）在这些以家长助教为形式、二孩主题绘本亲子共读为主要内容的班级活动中，通过教师、家长和幼儿共同参与，提高了孩子们的阅读兴趣；通过讨论与绘本关键问题相关的信息，提高了孩子们的语言表达能力和交往沟通能力；通过对二孩主题绘本内容的深入了解，潜移默化地让幼儿学会在家庭中和哥哥姐姐、弟弟妹妹如何相处，感悟手足亲情和父母之爱。

（2）作为助教家长的孩子，在活动中有比其他孩子更多的收获，在增进亲子间的交流、互动与情感的同时，还能增加孩子对家人的了解，甚至因崇拜的心理而更乐意倾听、接纳家长的建议或教育方面的措施等，使家长在家庭教育中的主导地位和家教效果更为凸显。

（二）家长的家庭教育更有针对性

（1）参加班级亲子共读活动的家长，通过与孩子互动，让孩子感受到来自父母的关注，特别是自己能参与孩子在幼儿园班级里的活动，和孩子一起参加亲子阅读活动，一起有所收获，让自己在和孩子一起增长见识的过程中，学到值得借鉴的、孩子易于接受的教育方法，并在家庭教育中予以运用，提高自己与孩子互动交流的频率，丰富家庭教育的内容，使家庭教育效果更好。

（2）作为助教活动中的家长，将自己的工作或专业特长、兴趣爱好用于与自己孩子、其他孩子以及其他家长一起互动的过

程中，不仅发挥了自己的专业或特长，还获得了展示自己才华的机会。这个机会不仅让助教家长得到了其他孩子和家长的肯定，还让自己的孩子因对自己产生一种崇拜的心理而更乐意和自己亲近，聆听教诲，孩子在同伴面前也会升起一种由衷的自豪与自信。

（三）教师的家长工作更加有深度

（1）增强了家园互动的有效性。从最初活动计划的拟订、活动内容的商讨以及活动开展的参与中，家长已不仅仅是班级亲子活动的倾听者、参加者，而且是能更多地参与讨论、介绍流程以及让孩子和其他家长获得经验的引导者，让家长在班级家长工作中有主人翁的感觉。教师给二孩家长提供一个参与班级活动和展示活动成果的机会，在鼓励家长走进班级的同时，提高了家园互动的有效性。

（2）提高家长工作的实效性。有了"家长助教"这一活动形式，不仅能让家长走进幼儿园教育，还能更好地和教师及其他家长进行面对面沟通，相互交流在教育孩子方面遇到的问题或好的经验，使班级家长工作真正有家长在做、在为家长做，在丰富班级亲子共读活动内容的同时，提高了家长工作的实效性。

（四）幼儿园的家园互动更显多样性

得到家长的认可和支持，使家园互动更有效。有了课题组教师组织的班级家长工作，不仅弥补了幼儿园在家长工作中对二孩家庭教育指导存在的不足，而且丰富了家长工作的形式和内容，还增强了家长对幼儿园工作的理解和支持。家长在参加班级亲子共读活动的过程中，对幼儿园的工作、教师的职责有了进一步的感受和理解，在今后配合幼儿园开展的其他工作时会更加主动、更加积极。

九、反思及问题

在课题研究过程中，课题组教师通过认真学习《幼儿园教育指导纲要（试行）》《3—6岁儿童学习与发展指南》研究方案和相关理论，第一时间转变观念，树立家园共育合作、共建课程的意识。每个教师都是课题的研究者，教师在研究过程中的成长是显而易见的，加速了向学习型、研究型教师的转变。

在课题研究过程中，因为确立了明晰的发展思路，采取了一系列富有独创性的、扎实的实验措施，因此，通过家园合作增进了亲子感情，开阔了幼儿的视野，丰富了幼儿的经验，提高了幼儿的实践能力和交往能力，真正促进了幼儿的成长。在今后的研究过程中，我们将继续以平等的姿态帮助家长助教树立主人翁的意识，探索增进助教与教师、助教与孩子、教师与孩子之间互动的规律，进一步拓宽家园共育合作的思路，丰富家园共育合作的内涵，使家园合作共建二孩绘本阅读课程的研究真正走向可持续发展道路。

在课题研究中，我们也发现，在参与"家长助教"活动的家长资源中，承担活动的爸爸人数较少，同时，对祖辈（爷爷奶奶、姥姥姥爷）资源关注度不够。在后期课题研究中，我们将进一步开展"阳光爸爸助教"活动和"祖孙乐助教"活动，使课题研究更加全面和深入。

发挥家长委员会优势，提高幼儿园家园共育合力

——幼儿园家长委员会现状调查及对策

家长委员会作为家长参与幼儿园管理的常设性机构，是在幼儿园行政组织指导下辅助幼儿园管理工作的群众组织，在家园共育的众多形式中有其独特的优势。它的建设和发展作为幼教改革中一条新的实施途径，越来越被人们重视。为了更好地开展幼儿园"十三五"课题——"'全面二孩'政策背景下，家园共育合作指导策略的研究"，针对家长委员会在参与幼儿园管理，参与幼儿园教学，做好家园沟通与合作，还对班级教师家庭教育的指导需求等方面的现状进行了问卷调查。对幼儿园家长委员会现状调查结果进行科学地统计和分析，从幼儿园、教师、家委会三方面提出建议，合理地开发和建设幼儿园家长委员会这一媒介资源，构筑家长与幼儿园之间良好沟通的桥梁，使家长们更全面地了解幼儿在园的各种情况，更能提高家长的教育能力，充分利用家长丰富的人力资源和职业优势，提升幼儿园的整体资源配置。

发挥家长委员会优势，提高幼儿园家园共育合力。

一、问题的提出

《幼儿园教育指导纲要》中明确提出："幼儿园应与家庭、社区密切合作，与小学衔接，综合利用各种教育资源，共同为幼儿的发展创造良好条件。"家庭、社会、幼儿园三位一体的教育日显重要。其中，作为家长参与幼儿园管理的常设性机构，家长委员会的建设和发展作为幼教改革中一条新的实施途径，越来越被人们重视。《幼儿园工作规程》第五十条规定"幼儿园应成立家长委员会。家长委员会的主要任务是：帮助家长了解幼儿园工作计划和要求，协助幼儿园工作，反映家长对幼儿园工作的意见和建议，协助幼儿园组织交流家庭教育的经验。家长委员会在幼儿园园长指导下工作"。幼儿园家长委员会是幼儿园行政组织指导下的一个辅助性群众组织，在家园共育的众多形式中具有其独特的优势。

任何一所幼儿园都希望幼儿园的工作得到家长100%的信任与支持。但是，不同家长有不同的性格特征、文化背景、兴趣爱好、专业技能，这些因素决定了他们会有自己不同的幼儿教育主张，与幼儿园很容易产生教育分歧。所以，幼儿园必须认真做好家长工作，宣传科学育儿经验，同时，也要积极主动地争取这些极其宝贵的家长资源。合理地开发和建设幼儿园家长委员会这一媒介资源，不仅能够构筑家长与幼儿园之间良好沟通的桥梁，使家长更全面地了解幼儿在园的各种情况，更能提高家长的教育能力，充分发挥家长丰富的人力资源和职业优势，优化幼儿园的整体资源配置，从而有效弥补幼儿园学前教育资源单一和相对

封闭的缺陷。因此，为了更好地开展幼儿园"十三五"课题——
"'全面二孩'政策背景下，家园共育合作指导策略的研究"，
笔者精心设计了此次问卷调查。问卷针对家长委员会在参与幼儿
园管理，参与幼儿园教学，做好家园沟通与合作，以及对班级教
师家庭教育的指导需求等方面的现状进行了调查。

二、研究方法

（一）调查时间

2017年3月15日

（二）调查方法

问卷调查法

（三）调查对象

青海省六一幼儿园大、中、小班班级家委会成员，共发放问
卷63份，其中大班18份，中班24份，小班21份，回收62份，回收
率为98%。

（四）调查内容

（1）家委会成员组织的班级家园合作活动。

（2）家委会成员最关心的话题。

（3）家委会成员对《3—6岁儿童学习与发展指南》的了解与
学习情况。

（4）家委会成员的推选标准、主要功能及权利和义务。

（5）在指导家长家庭教育工作中对班级教师的指导需求。

（6）家委会成员为幼儿园班级建设做出的贡献和对班级家长
资源的了解。

（7）家委会成员对参加我园家长工作室的"爸爸工作组"

的意愿。

三、调查结果

1. 作为家长委员，您希望家委会组织哪些方面的活动？（可多选）

A. 开展家长之间关于教育心得的沙龙（55%）

B. 以班级为单位组织各项亲子活动（81%）

C. 开展"家长助教"活动，丰富幼儿课程资源（43%）

D. 组织孩子参加各类公益活动（84%）

E. 开展各类安全知识讲座（65%）

F. 组织各类户外实践、体验活动（79%）

G. 参加幼儿园大型活动的策划和协助组织幼儿园班级

活动（5%）

H. 了解幼儿园教育理念和教育现状并做好宣传工作（38%）

I. 其他活动：组织亲子春游、评选班级家长标兵等（2%）

2. 作为家委会成员，您最关注的话题是什么？（可多选）

A. 食品安全健康与身心健康（95%）

B. 教师的教学理念和方法（84%）

C. 家委会设立机制与相关权限和职责（22%）

D. 孩子在园安全保障（78%）

E. 其他：幼儿心理健康等（1%）

3. 班级教师是否向家长介绍过《3—6岁儿童学习与发展指南》？您阅读和了解这本书的内容吗？

A. 老师介绍了解过但自己没有深入研读（66%）

B. 没有（34%）

4. 您认为家长委员会委员产生时需要限定以下哪些条件？（可多选）

A. 性别（10%）

B. 性格（78%）

C. 学历（38%）

D. 职业（26%）

E. 特长（31%）

F. 家庭教育经验（76%）

G. 权益意识（17%）

5. 您认为家长委员可以通过什么方式产生？（可多选）

A. 竞选投票（28%）

B. 班级教师提名（47%）

C. 轮值（38%）

D. 家长推举（33%）

E. 都可以，只要能办实事就可以（67%）

6. 家长委员会委员任职期内主要完成哪些工作内容？（可多选）

A. 经过民意调查后提出议案（40%）

B. 监督教育教学（45%）

C. 协办班级活动及组织管理（98%）

D. 日常资料管理（26%）

E. 家长委员会的制度执行（41%）

F. 其他：助学助教活动等（2%）

7. 在指导家长家庭教育工作中，您认为班级教师最需要提高的是哪一方面？具体归纳如下。

（1）帮助家长读懂孩子，教师给家长传授一些心理学知识，以便家长读懂孩子。

（2）帮助家长正确引导孩子的人际交往，希望得到班级教师专业的指导和建议。

（3）针对幼儿在园问题提出家庭指导策略，丰富家庭教育的方式方法。

（4）给予家长正面管教孩子的方法，多一些面对面的示范指导。

（5）教师与家长的良好交流和沟通以及督促家长的执行力。

（6）根据幼儿在园表现出的兴趣方向给予家长合适的建议。

（7）指导家长面对孩子成长中遇到的问题该如何用正确的方式应对。

（8）针对孩子身上存在的缺点和性格弱点给予家长有针对性的指导。

（9）开展班级育儿沙龙活动，给家长介绍育儿经验。

（10）了解家长现有育儿观念和方法，帮助家长转变育儿观念，提高家长育儿水平。

（11）能根据每一位孩子的特点给出不同的家庭教育指导方式和方法。

（12）给予孩子更多鼓励和肯定，能给孩子做一些心理疏导。

8. 作为家委会成员，您是否参与策划过孩子所在班级的活动？请简单说一说您的参与过程和所发挥的作用。具体归纳如下。

（1）参与班级新年联欢会的主持、策划，布置活动场地。

（2）参与班级亲子活动，参加亲子讲故事活动、排练情景

剧等。

（3）提供班级主题教学活动资料等。

9. 您了解您孩子所在班级的家长资源有哪些吗？请详细列出。具体归纳如下。

（1）在履行家委会成员职责方面做得还不够到位，对班级其他家长的"助教资源"还了解不够。（50人）（80.6%）

（2）有简单了解的（8人），仅限于对班级家长职业的了解。（12.9%）

10. 我园拟成立"爸爸工作组"，以充分发挥爸爸在孩子成长中的作用。作为孩子的父亲您愿意参加我园家长工作室的"爸爸工作组"吗？

A. 愿意（95%）

B. 不愿意（5%）

四、现状分析

通过对以上调查结果的统计与分析，我们可以看出以下几点。

（1）幼儿园家委会成员在做好家园共育方面，已经能够较好地履行自己的职责，积极参与到自己孩子所在班级工作的各个方面。作为家长委员会委员，他们希望能组织更多形式多样的活动，特别是以班级为单位组织各项亲子活动，组织孩子参加各类公益活动，组织各类户外实践、体验活动和开展各类安全知识讲座，等等。除开展关于教育心得的沙龙、"家长助教"等活动外，家委会委员还提出其他活动，如组织亲子春游、评选班级家长标兵等，来丰富家长委员会的活动内容。

（2）作为家委会委员，他们最关注的话题第一是食品安全与身心健康（95%）；第二是教师的教学理念和方法（84%）；第三是孩子在园安全保障（78%）。"家委会设立机制与相关权限和职责"话题关注度最低（22%）。

（3）关于班级教师是否向家长介绍过《3—6岁儿童学习与发展指南》这个问题，大多数家长都通过教师介绍对该指南有了一些了解，但仅限于粗略地翻阅而没有深度学习。

（4）在家长委员会委员的推选标准、主要功能及权利和义务方面，家委会委员一致认为，家长的家庭教育经验和家长的性格最重要，有丰富经验和性格开朗的家长更能胜任家委会角色。在委员产生方式上，委员们支持以能为班级办实事的家长和班级教师提名的方式推选出班级家委会委员。认为家长委员会委员任职期内完成的工作内容是以协办班级活动及组织管理和监督教育教学这两个方面为主。

（5）在指导家长家庭教育工作中，对班级教师最需要提高的方面一共有12条建议，包括家庭教育的方法指导，对幼儿进行正面教育的方式，读懂孩子的心理，帮助家长正确引导孩子的人际交往，对孩子兴趣的培养给予家长合适的建议，针对孩子的缺点和弱点给予家长指导；教师与家长的良好交流和沟通以及督促家长的执行力等方面。可以看出，在孩子的家庭教育中，家长们特别渴望得到幼儿园班级教师的专业指导和建议。

（6）作为家委会委员，在参加班级活动和了解所在班级的家长资源工作上，大多数家委会委员只是个人参与班级活动较多，没有真正发挥家委会委员在家长中的引领和带头作用，在履行家委会委员职责方面做得还不够到位，对班级其他家长的"助教资

源"了解很少。

（7）对参加幼儿园家长工作室的"爸爸工作组"的调查，95%的父亲都愿意积极参加，个别出于工作或单亲家庭等原因选择不参加。可见，在现在的家庭教育中，父职教育的缺失已经引起家庭教育的重视，父亲们已经意识到自己在孩子成长中教育的重要性，自觉担当自己的教育责任。

五、对策和建议

随着教育理论的进一步改革和发展，家园共育已成为新时代幼儿教育中的一个重要课题。本研究使用问卷调查法，通过全面的问卷调查与结果分析，总结幼儿园和家庭在家长委员会的建设中沟通、合作的经验和教训，从而摸清幼儿园家长委员会建设的现状，指出存在的问题，寻求解决方法，为建设提高家长教育能力、幼儿园服务质量和幼儿发展水平的家长委员会提出个人建议。

（一）幼儿园做好家长委员会领军团队建设

家长委员会是家长与幼儿园之间良好沟通的桥梁，幼儿园要抓好家委会队伍的建设，将家委会作为一个带动家长工作的领军团队，做好家委会委员的培训工作。在调查中我们发现，家长委员会委员对自身的职责、权利和义务不是很清楚，没有充分发挥家长委员会委员"领头羊"的作用。因此，幼儿园要通过组织形式多样的活动，组织家长委员会委员学习教育部颁布的《关于建立中小学幼儿园家长委员会的指导意见》，让他们明确幼儿园家长委员会成立的目的以及家长委员会的权利和义务，确立客观、合理的标准推选家委会委员，使家长委员会的活动方式更为规范化，充分发挥其教育、经济、社会协调等各项功能，提高他们的思想认识，让他们发挥自身的主动性，以点带面，做好家长工作的"领头羊"。

建议在家长委员会中设立以大、中、小年龄组为单位的小组制管理。每组十几位家长委员会委员民主推荐选举组长和副组长，以家长委员会委员为主体，号召班级家长积极参与，在新学期初制定组内家长发展规划。可以以家庭教育理念的提升、家庭亲子阅读、家庭游戏活动、家庭社会实践活动等为内容，各班家长委员会牵头组成班级家庭亲子活动小团队，每月定期开展家庭亲子团队活动，增进班级家长之间的交流和了解，共享教育资源和教育经验。

（二）教师以《3—6岁儿童学习与发展指南》为抓手，指导家长转变家庭教育观念

教育部2012年9月颁发的《3—6岁儿童学习与发展指南》（下文简称《指南》），以为幼儿后继学习和终身发展奠定良好素质基础为目标，以促进幼儿体、智、德、美各方面的协调发展为核心，通过提出3—6岁各年龄段儿童学习与发展目标和相应的教育建议，帮助幼儿园教师和家长了解3—6岁幼儿学习与发展的基本规律和特点，建立对幼儿发展的合理期望，实施科学的保育和教育，让幼儿度过快乐而有意义的童年。《指南》既适用于幼儿园教师，也适用于广大家长。但在调查中发现，幼儿园教师学习《指南》多，虽然教师也向家长推荐介绍了《指南》，但大多数家长对《指南》只是进行粗略地了解，并没有进行深入细致的学习。针对这种现状，教师还需加大对家长进行《指南》学习的指导力度，通过学习《指南》，让家长的家庭教育水平和能力得

到提升。教师可以以每月话题的形式在班级微信群发布《指南》学习的内容：如三月话题——《指南》健康领域的学习与交流，四月话题——《指南》语言领域的学习与交流，五月话题——《指南》社会领域的学习与交流，六月话题——《指南》科学领域的学习与交流，七月话题——《指南》艺术领域的学习与交流。

在教师有计划的引领下，让家长参与《指南》的深入学习，并鼓励家长积极在班级微信群中分享自己的学习感悟和心得。通过班级微信群，家长结合《指南》观察、了解自己的孩子，以文字、照片、录像、录音等形式记录孩子在家庭中的各种表现，真正了解孩子的整体发展水平，并可以根据《指南》指标对孩子的发展有基本的评价。班级微信群的分享，有助于家长在记录的同时，反思自己的教育行为，提升自己的教育能力。同时，也可以在班级微信群中和其他家长进行交流，幼儿园教师也应给予及时的回应和肯定，让教师对家长的家庭教育指导落到实处。

（三）家长委员会汇集家长资源，建立家长资源信息库

不同的家长有不同的性格特征、文化背景、兴趣爱好、专业技能，幼儿园要积极主动地争取这些宝贵的家长资源，合理地开发和建设幼儿园家长委员会这一媒介资源，构筑家长与幼儿园之间良好沟通的桥梁，充分发挥家长丰富的人力资源和职业优势，提升幼儿园的整体教育水平。从调查中发现，家长委员会对班级家长资源的利用是幼儿园家长委员会工作的短板。针对这种情况，建议家长委员会委员牵头和班级教师共同建立幼儿园班级家长资源信息库，全方位了解家长的各种资源信息，并做好资料库的整理工作。幼儿园建立家长资源信息库，做好资源共享，为后

期幼儿园开展家长助教、助学等活动提供便利条件，实现最佳资源的整合。

（四）创新家长委员会活动思路，搭建家长交流平台

在近几年的家长委员会创建过程中，幼儿园的家长工作取得了可喜的成绩和很大的进步，但面临幼儿园"十三五"课题——"'全面二孩'政策背景下，家园共育合作指导策略的研究"，我们还需要创新家长委员会活动思路，为幼儿园和家长的交流搭建更高、更好的平台。打开思路，让家长的交流沟通跨越班级界限。比如，就新生的入园焦虑问题，可以邀请幼儿园大、中、小班家长一起参加"混龄"家长沙龙，让中、大班的家长现身说法，就自己孩子入小班时曾经遇到的问题和自己解决问题的经验进行交流，解决小班新生家长的"情绪焦虑"，从而更好地解决新生入园焦虑的问题。

（五）关注家庭教育理论学习，提升教师家庭教育指导水平

2015年10月，教育部颁布的《关于加强家庭教育工作的指导意见》指出：当前，我国正处在全面建成小康社会决胜阶段，提升家长素质，提高育人水平，家庭教育工作承担着重要的责任和使命。各地教育部门和中小学幼儿园要从落实中央"四个全面"战略布局的高度，不断加强家庭教育工作，进一步明确家长在家庭教育中的主体责任，充分发挥学校在家庭教育中的重要作用，加快形成家庭教育社会支持网络，推动家庭、学校、社会密切配合，共同培养德、智、体、美、劳全面发展的社会主义建设者和接班人。教师对家庭教育的指导意识很强，家长对家庭教育指导的需求也很大，但目前大多数幼儿教师的业务素质有待提高，再加上平时忙于班级事务性的工作，不注重自身幼教理论的

学习，又缺乏家庭教育指导的实践能力，在日常的家庭教育指导工作中，出现了幼儿园与家长之间需求的矛盾。因此，幼儿园应努力提高教师自身家庭教育指导的能力和水平，走"自我提高、自我发展"之路。同时，在调查中家长委员会还提出了关于"幼儿心理健康"的话题，这也是我们教师今后自我提升的一个新关注点。

通过对幼儿园家长委员会现状调查结果进行科学的统计和分析，我从幼儿园、教师、家委会三方面提出了自己的对策和建议，合理地开发和建设幼儿园家长委员会这一媒介资源，构筑家长与幼儿园之间良好沟通的桥梁，使家长更全面地了解幼儿在园的各种情况，提高家长的教育能力，充分发挥家长丰富的人力资源和职业优势，优化幼儿园的整体资源配置。发挥家长委员会优势，增强幼儿园家园共育合力。

（本论文在2018年中国学前教育研究会学术研讨会论文征集活动中荣获一等奖）

家园合作中"科学做好入学准备"
指导策略的研究

《幼儿园教育指导纲要》中明确提出："幼儿园应与家庭、社区密切合作，与小学衔接，综合利用各种教育资源，共同为幼儿的发展创造良好条件。"家庭、社会、幼儿园三位一体的教育日显重要。为了更好地落实2019年全国学前教育宣传月"科学做好入学准备"工作，引导广大教师和家长树立科学的理念，尊重幼儿的发展规律和学习特点，借此在我园大班家长"家庭为孩子所做入学准备"的自评现状及我园课题"'全面二孩'政策背景下，家园共育合作指导策略的研究"中"幼小衔接"的深入研究进行了问卷调查，并开展了家园合作中"科学做好入学准备"指导策略的研究。

一、问题的提出

《幼儿园教育指导纲要》（下文简称《纲要》）中明确指出："家庭是幼儿园重要的合作伙伴。应本着尊重、平等、合作的原则，争取家长的理解、支持和主动参与，并积极支持、帮助家长提高教育能力。"从2016年起，幼儿园开展了中国学前教育

学会"十三五"课题——"'全面二孩'政策背景下，家园共育合作指导策略的研究"，经过三年的研究，已经取得了一定的成效。

"幼小衔接"是幼儿园课题研究的重要内容之一。《纲要》中明确提出："幼儿园应与家庭、社区密切合作，与小学衔接，综合利用各种教育资源，共同为幼儿的发展创造良好条件。"家庭、社会、幼儿园三位一体的教育日显重要。为了进一步贯彻《3—6岁儿童学习与发展指南》（下文简称《指南》），更好地落实2019年全国学前教育宣传月"科学做好入学准备"工作，引导广大教师和家长树立科学理念，尊重幼儿发展规律和学习特点，精心设计了此次问卷调查。问卷旨在针对大班幼儿家长"家庭为孩子所做入学准备"的自评现状及我园课题"家园合作有效性的指导策略研究"中"幼小衔接"的深入研究进行调查，并开展了家园合作中"科学做好入园准备"指导策略的研究。

二、研究方法

（一）调查时间

2019年6月10日

（二）调查方法

问卷法

（三）调查对象

青海省六一幼儿园大班家庭，共发放问卷100份，收回93份，回收率为93%。

（四）调查内容

（1）《家庭为孩子所做入学准备的自评表》。

（2）幼儿园"幼小衔接"课题研究相关内容调查。

三、调查结果

（一）《家庭为孩子所做入学准备的自评表》

1. 调查结果统计如下

家庭为孩子所做入学准备的自评表

序号	内容	是	基本是	否
1	我经常陪孩子阅读，培养他（她）的阅读兴趣	46%	51%	3%
2	我经常在陪孩子玩游戏的过程中渗透一些学习的内容	51%	46%	3%
3	孩子遇到困难时，我总是先让他（她）动脑筋想办法	61%	37%	2%
4	我一直注意培养孩子守时的时间观念	79%	19%	2%
5	生活中只要孩子自己能做的，我基本不帮忙	45%	48%	7%
6	我经常带孩子去参观各种博物馆	19%	50%	31%
7	我带孩子去超市购物常常会与他（她）一起做购物清单	21%	38%	41%
8	我和孩子外出活动后，我们会一起回顾活动的情况	42%	43%	15%
9	我总是耐心回答孩子提出的各种问题，或与他（她）一起寻找答案	46%	52%	2%
10	我常常提出一些生活中的常见问题，与孩子一起讨论	45%	45%	10%
11	我经常带孩子接触大自然	53%	44%	3%
12	我常常引导孩子观察周围环境的变化	43%	52%	5%
13	我会教孩子认识周围生活中经常出现的符号或标志	59%	38%	3%
14	孩子即将入小学时，我会激发他（她）上学的欲望	69%	28%	3%

序号	内容	是	基本是	否
15	我会坦然面对孩子入学初可能遇到的暂时不适应	70%	26%	4%
总分				

注：填"是"得2分，填"基本是"得1分，填"否"不得分。得分越高，说明你为孩子做的入学准备越好。

在收回的《家庭为孩子所做入学准备的自评表》后，我们把"家庭为孩子所做入学准备"的得分情况按以上标准统计如下。

得分评价标准	优（26~30分）	良（21~25分）	中（11~20分）	差（1~10分）
占比	40.9%	39.7%	19.4%	0%

家长自评分数从上面的调查数据统计中显示：幼儿园家长在"家庭为孩子所做入学准备"的自评中，有40.9%的家庭认为已经为孩子入学做好了充分的准备；有39.7%的家庭认为已经为孩子入学做了一些准备；但也有19.4%的家庭认为对孩子的入学准备做得不够充分。

2. 现状分析

通过对《家庭为孩子所做入学准备的自评表》调查结果的统计与分析，我们可以看出以下几点：

（1）在培养孩子的阅读兴趣方面，97%的父母都能在家庭中陪伴孩子开展亲子阅读。一方面是近几年国家大力提倡全民阅读和书香家庭的建设，带动每个家庭开展阅读活动；另一方面也与幼儿园一直进行的园本课程《文化浸润童心世界不再遥远》阅读月活动有着密不可分的关系。在2019年开展了幼儿园第八届阅读月，在多年的阅读课程实践中，幼儿园通过好书分享、图书漂流、图书跳蚤市场、亲子故事会、家园剧场、自制小书、家庭阅读打卡等形式多样的阅读活动，引领家长在家庭中营造书香氛围，积极开展亲子阅读活动。通过幼儿在园三年的阅读活动，从听、说、读、演四个层次螺旋式地提升孩子的阅读能力，培养了孩子的阅读兴趣，让孩子从小养成爱阅读的好习惯，为孩子的终身学习打下了坚实基础。

（2）对在陪孩子玩游戏的过程中渗透一些学习的内容这项调查显示，97%的父母已经在教育理念上认同《指南》中提出的"幼儿的学习以游戏为主"，游戏是儿童学习的主要方式，会陪伴孩子在"玩中学""做中学"，这也是在三年的家园合作课题研究中，积极引领家长学《指南》、用《指南》的有效成果之一。

（3）在孩子遇到困难和孩子提出各种问题时，98%的父母能够先让孩子动脑筋想办法，耐心回答孩子提出的各种问题，并与孩子一起寻找答案。在生活中只要孩子自己能做的，93%的父母基本不帮忙。可见，在培养孩子学习的主动性和生活自理能力方面，家长们都能给予孩子正确的引导和帮助。

（4）在带孩子去参观各种博物馆的调查中，有31%的家庭没有带孩子进行过此类参观活动。可见，父母在开阔孩子的眼界、拓展孩子的思维和激发孩子的探究兴趣方面还有所欠缺。

（5）在带孩子去超市购物前与孩子一起做购物清单的调查中，有41%的家庭从来没有和孩子做过购物清单。从调查中我们发现：财商和生活中的数学教育方面是被父母忽略的一项教育内容，应在后期开展的课题研究中拓展关于对幼儿进行财商教育的

研究内容。

（6）在遇到生活中的常见问题与孩子一起讨论和孩子外出活动后一起回顾活动的情况方面，有10%和15%的父母与孩子没有良好的沟通和互动，可以看出父母在孩子的教育过程中，不关注孩子过程中的学习，忽视培养孩子在生活中发现问题并解决问题的能力。

（7）在培养孩子守时的时间观念方面，98%的父母一直注意培养孩子守时的时间观念。但在第二个问卷（幼小衔接）第二个问题调查中可以看到，有53.8%的孩子时间观念不强、做事拖拉，可见，对孩子时间观念的培养家长都很重视，但实际收效却不大，因此，指导家长做好对孩子时间观念的培养，将是后期课题需要研究的内容。

（8）在带孩子接触大自然、引导孩子观察周围环境的变化和教孩子认识周围生活中经常出现的符号或标志方面，95%以上的家庭注重对孩子观察力和好奇心的培养，会带孩子在大自然和生活环境中学会探究。

（9）在孩子即将入小学时，97%的父母会激发孩子上学的欲望并坦然面对孩子入学初期可能遇到的暂时不适应。

（二）《青海省六一幼儿园幼小衔接调查问卷》

1. 调查结果统计

（1）面对孩子的幼小衔接，您有焦虑情绪吗？

A. 很焦虑（9%）

B. 有一点（72.4%）

C. 无（18.6%）

（2）作为家长，您对孩子入园的焦虑主要来自以下哪些方

面？（可多选）

　　A. 孩子没学过拼音、数学（21.5%）

　　B. 幼儿园教学模式和小学不一样（59.1%）

　　C. 孩子时间观念不强、做事拖拉（53.8%）

　　D. 作为父母，自己在教育孩子方面没有经验（37.6%）

　　E. 其他：接、送孩子上下学的问题等（2%）

　　（3）在教育部要求幼儿园"去小学化"后，您认为孩子在幼儿园三年生活中接受"科学做好入学准备"的教育了吗？

　　A. 很充分（32.3%）

　　B. 有一点（63.4%）

　　C. 无（4%）

　　（4）您觉得我园的"幼小衔接"教育，主要体现在对幼儿以下哪些方面的培养？（可多选）

　　A. 生活习惯的培养（90.3%）

　　B. 学习能力的培养（76.3%）

　　C. 交往能力的培养（84.9%）

　　D. 责任意识的培养（69.9%）

　　E. 动手能力的培养（82.8%）

　　F. 艺术欣赏的培养（48.4%）

　　G. 阅读习惯的培养（72%）

　　（5）在"科学做好入学准备"的理念方面，您认同以下观点吗？（可多选）

　　A. 从幼儿园到小学要平缓过渡（78.5%）

　　B. 感性经验越丰富，后继学习越好（48.4%）

　　C. 学习品质的培养比知识技能的准备更重要（88.2%）

D. 对待入学准备，家长要有"孩子的心灵"（54.8%）

在家园合作课题研究背景下，家长对我园"幼小衔接"工作的建议归纳如下。

建议幼儿园多组织幼儿参观小学，让孩子喜欢小学环境和小学生活；对家长多开展"幼小衔接"培训，帮助家长提高家庭教育能力；希望幼儿园和家长一起对孩子的时间管理和财商进行教育。

2. 现状分析

（1）面对孩子的幼小衔接问题，81.4%的家长有孩子入学焦虑情绪。焦虑的主要原因依次为：幼儿园教学模式和小学不一样（59.1%），孩子时间观念不强、做事拖拉（53.8%），父母在教育孩子方面没有经验（37.6%），孩子没学过拼音、数学（21.5%）。从以上原因分析得出：孩子对幼儿园和小学不同的教学模式的适应是家长最担心的，其次是孩子时间观念培养方面的欠缺和父母自身教育经验的欠缺；孩子对拼音和数学的学习，只占家长焦虑原因的约五分之一。由此可见，幼儿园在家园合作研究中，开展"去小学化"的家园宣传工作和幼儿园"游戏化"课程的深入实施，已经让家长树立了科学的教育理念，并为"科学做好入学准备"打下良好的基础。

（2）幼儿园开展的幼小衔接教育，在孩子综合素质培养方面，家长评价由高到低依次为：生活习惯的培养（90.3%），交往能力的培养（84.9%），动手能力的培养（82.8%），学习能力的培养（76.3%），阅读习惯的培养（72%），责任意识的培养（69.9%），艺术欣赏的培养（48.4%）。

（3）在对家长"科学做好入学准备"的理念方面，有88.2%

的家长认为，学习品质的培养比知识技能的准备更重要；有78.5%的家长觉得从幼儿园到小学要平缓过渡。由此可以看出，我园家长已经深刻理解《指南》的教育精髓，而且对孩子的"科学做好入学准备"有一个良好的心理准备。在孩子的学习过程中，对孩子发展规律和学习特点的认知上，只有48.4%的家长认同孩子的感性经验越丰富，后继学习就越好；对待入学准备，家长要有"孩子的心灵"的只占54.8%。由此可见，在家庭中，家长的定位还需要加以指导和引领。家庭中良好的交流模式应是建立在平等关系之上的，只有父母是全心全意为孩子，并和孩子有一样的心灵，才会变成孩子的同伴，继而支持孩子的发展。

四、指导策略

随着我国学前教育的进一步改革和发展，家园合作共育已成为新时代学前教育的一个重要研究课题。本研究使用问卷调查法，通过问卷结果分析，总结幼儿园在家园合作课题研究中"幼小衔接"的成功经验，摸清幼儿园大班"家庭为孩子做好入学准备"现状，指出存在的问题，寻求"科学做好入学准备"的指导策略。

策略一：科学做好入学准备，从孩子小班入园开始

一方面，幼儿园要通过各种宣传，让家长懂得"科学做好入学准备"不等于提早学习小学知识，而是对幼儿生活习惯、学习能力、交往能力、责任意识、动手能力、阅读习惯、艺术欣赏等方面的培养；在家园合作课题研究中，又在大班进行了"幼小衔接"内容的研究，特别是幼儿专注力和自制力的研究。通过"萌娃合唱团"和"创意刺绣坊"等活动，让幼儿在积极参与歌唱活

动和动手刺绣过程中，培养良好的自制力和专注做事的优秀品质。另一方面，幼儿园要明确"科学做好入学准备"是贯穿整个幼儿在园三年学前教育阶段的一个重要理念，并且在幼儿在园的最后一年有侧重地做好"幼小衔接"，通过参观小学等一系列活动消除幼儿对小学的陌生感，增进幼儿对小学的认识，让幼儿园成为"科学做好入学准备"的主力军。

策略二：科学做好入学准备，从孩子、家长、教师走进小学开始

科学做好入园准备的主力军是幼儿园，为了更深入地做好孩子的入学准备，需要孩子、家长、教师共同携手走进小学。我们将创新地开展孩子、家长、教师"三位一体"共同走进小学实践活动，让孩子在实践中了解小学的环境和课程模式；让家长了解小学已经不是他们想象中的"填鸭式"教学模式，而是全新的素质教育模式，从而打消家长的顾虑，让家长对小学教育有全面科学的了解，同时也让幼儿园教师走进小学，深入了解小学的教学方法和教学目标，做到知己知彼，从而更加科学和精准地做好"幼小衔接"工作。

幼儿园的"幼小衔接"坚持"走出去、请进来"双管齐下的模式，每年都会组织大班孩子走进小学，参观小学校园，体验小学的课堂活动。同时，充分利用社区和家长资源，邀请小学校长入园对大班家长进行专题讲座，充分利用幼儿园家长中的小学教师资源，邀请这些小学教师入园给大班的孩子们上语文课和数学课，让孩子们亲身体验幼儿园课堂和小学课堂教学模式的不同，消除孩子对小学的陌生感，从而使孩子对上小学比较向往，对入小学有很充分的心理和能力准备。但在这次问卷调查中我们发现，面对孩子的入学准备，其实更多的是来自父母对自己孩子在幼儿园已做的入学准备和对小学教学模式的不了解而产生的焦虑，这种来自父母自身的入学焦虑才是我们真正要关注的问题。因此，幼儿园有针对性地对大班家长进行了"科学做好入学准备"的培训，为家长们做了题为"好习惯成就好人生，让孩子赢在习惯上"的专题讲座，今后幼儿园将"三位一体"全方位地为孩子做好科学入学准备。

策略三：科学做好入学准备，从《家庭为孩子所做入学准备的自评表》开始

在每年九月份新生入园后，组织每一位新生家长进行《家庭为孩子所做入学准备的自评表》的测评，让家长为自己的教育理念和教育行为打分。幼儿园通过对家长自评打分的分析，让每位新生家长找到自身在教育方面存在的偏差和不足，然后由幼儿园组织家庭教育专家团进行有针对性的家庭教育指导。通过三年的家园合作指导，让家长了解自己，了解自己的孩子，了解孩子发展的规律和孩子的学习特点，从而有效化解家长的入学焦虑，让家长科学地为孩子入学做好充分的准备。

策略四：科学做好入学准备，从提升家长教育理论开始

家庭科学做好孩子入学准备的路径只有一条，那就是读懂孩子—尊重孩子—成为孩子！在提升家长教育理论的过程中，家园合作显得尤为重要。从"'全面二孩'政策背景下，家园共育合作指导策略的研究"课题研究近三年的经验来看，幼儿园组织的家园共读"育儿宝典"活动颇有成效。例如，幼儿园组织的《3—6岁儿童学习与发展指南》家园解读活动，课题组《你的N岁孩子》教师、家长共读交流分享活动等等，为我们提升家庭教

育理论积累了丰富的实践经验。在"科学做好入学准备"的研究中，幼儿园将充分发挥家园共读"育儿新宝典"——陈鹤琴先生《怎样做父母》的作用。通过共同学习研讨，让家长理解以下内容：第一，父母必须知晓孩子的身体是怎样的状态。第二，父母必须知晓孩子的心理是怎样发展的。①孩子是好游戏的；②孩子是好奇的；③孩子是好奇的；④孩子是好野外生活的。第三，父母必须明白爱小孩的方法。第四，父母要改正自己错误的念头。①要把小孩看作小孩；②要尊重小孩的人格；③要打破自己的成见。让教师明白教育规律是什么、教育目标是什么，教师本身应该掌握正确的教育理念，引导幼儿和家长。

在"科学做好入学准备"的路上，让幼儿园发挥主力军的作用，孩子、家长、教师"三位一体"，让我们携手共成长，帮孩子"扣好人生的第一粒扣子"！

（本论文参加青海省教育厅2019年学前教育宣传月"科学做好入学准备"评选荣获一等奖）

父母要当好孩子的第一任老师

当好孩子的第一任老师，是我们每位家长都要经历的事情。从我的孩子呱呱坠地那一刻起，我就责无旁贷地要承担起养育和教育孩子的责任。家庭是孩子的第一课堂，父母是孩子的第一任老师，如何教育子女，我想是每位家长最关心和广泛讨论的话题，我也不例外。自从有了两个可爱的宝宝，我做母亲的压力也与日俱增，在不同阶段该如何教育引导孩子成了让我感到困惑的问题。为了做一个合格的母亲，我也通过不断学习来提升自己，下面我来谈谈教育孩子的一些看法。

一、充满和谐关爱的家庭氛围是孩子健康成长的基石

我们的家庭是和睦的，家人之间相互理解、彼此关爱，家庭氛围宽松和谐、其乐融融。这样，孩子回到家才能感到温暖、无拘无束、幸福快乐，孩子在充满爱的环境中成长，才能培养出他健康的心理，塑造其高尚的人格。

二、培养孩子良好的习惯

现在很多家长以孩子学了多少东西来评价孩子，例如，用会

背多少首唐诗、能认多少字等来衡量孩子是否聪明好学。我感觉这样是不对的。其实，对于我们家里的这个年龄段的孩子来说，养成好的习惯才是最重要的。我们应该根据自己孩子的特点，将他们的一些坏习惯改掉。我们家孩子特别好动，注意力就不容易集中，专注力差，我和他爸有意识地多给他买积木。孩子很爱玩搭积木，有时一玩儿就是一个多小时，这对提高专注力都很有帮助，我感觉孩子进入中班后，在集中注意力方面有了很大提高。

三、兴趣是孩子最好的老师

家长应根据自己孩子的喜好来安排一些亲子活动内容。我们孩子最近喜欢听故事，我就选择一些他容易理解的故事反复读给他听，在读的同时可以把一些简单的字教给他，一段时间后，让他自己复述故事内容，或者在讲的时候故意将有些地方讲错，让他积极地指出错误，此时我们应及时承认错误，并且表扬孩子细心。在这个过程中，其实锻炼了孩子很多方面的能力。作为一个父亲或是母亲，我们必须考虑的是如何给孩子一个快乐的童年，这并不是一件容易办到的事情，因为持久产生快乐的力量永远强于瞬间的快乐，孩子在成长过程中，只有对快乐进行一点一滴的积累，才能产生真正积极的影响，使他日后能够笑对人生。

四、学会尊重孩子，倾听孩子的心声

父母要放下高高在上的姿态，学会平等地与孩子交流，静下心来倾听孩子要诉说的一切，哪怕此时你再忙、再累，也要专心致志地倾听并不时地询问孩子："在幼儿园有什么有趣的事吗？上课时你对自己的表现满意吗？今天你的笑容又增加了吗？"每当我这样问儿子的时候，他总是十分兴奋地向我汇报一切。当他说出自己对事情的看法时，我也会尊重他的意见，与他商量着办，给他足够的信心和自信，我认为这对培养孩子的品格十分重要。

五、不能过分宠爱、事事包揽，但也不能放手不管

现在家长都知道对孩子不能过分宠爱，不能满足孩子要什么就给什么的要求。这样很容易让孩子在行为上难以约束自己，最终导致孩子自控能力差，没有上进心，缺乏战胜困难的勇气和毅力。现在孩子五岁了，要让他做一些力所能及的事情。比如，早晨闹钟响了就让他自己起床并穿好衣服，开始洗漱；吃饭的时候要养成不挑食的习惯，能够自己独立进餐；玩具玩儿完后要让他自己归类并整理好；等等。这样的习惯养成后日复一日地逐渐积累，随着年龄的增长他就会做更多力所能及的事情。

六、与孩子一起成长，做孩子的知心朋友

我不太赞成老辈的教育理念，如"棍棒底下出孝子"，孩子不能违背父母的旨意，等。我觉得，孩子再小也有自己的思想，我们做父母的不能剥夺孩子的权利。我们一味地管制孩子，只会让他的心灵闭塞，不愿与父母交流。这也就是为什么现在有那么多的孩子沉迷网络，走向迷途。在我的孩子降生那刻起，我就决定要和他一起成长。孔圣人不是曾说"三人行，必有我师焉"的话语吗？孩子再小也有他的长处。剔除错误的老思想，弘扬积极向上的古训，结合新时代的思维来教育孩子，这就是我的教育理念。无论走到哪里，我与儿子的关系总是那么亲密无间。

以上是我教育孩子总结的一些心得，在教育孩子上远不止教条式的这几条，还有很多需要学习的东西，任重而道远，作为家长，要有一个平静的心态和孩子一起学习成长。总之，我觉得教育孩子不仅是学校老师的责任，更是我们家长的责任。我相信，通过老师和我们家长的共同努力，孩子一定能健康快乐地成长。

陪伴孩子　读懂孩子　巧爱孩子

　　"养好孩子"，毫无疑问是每个为人父母者最为期待、最为关注的事情。而对于父母来说，"养好自己的孩子"又是一件难而又难的事情，因为它关系着要真正了解孩子的特点、真正明白孩子的真实需要、真正知道自己怎样做对孩子来说才是最好的和最适宜的。只有真正了解孩子，才能更好地教育和陪伴他。

　　尽管每个父母都是成年人，并且都是从孩童时期成长过来的，但是能做到这三个"真正"的父母实在少而又少。于是，我们便求助科学，通过各种育儿渠道去学习一些教育方法，提升自己的育儿理念。每一个做父母的人都希望自己能够做一个对孩子成长负责的好爸爸或者好妈妈，我也不例外。自从有了孩子，育儿就变成了我的头等大事，我也会经常关注一些育儿知识，可在实际面对孩子出现问题时，似乎只剩下理论，实践操作技巧少之又少。他越是长大，我越是不知道该如何应对他在成长过程中出现的各种情况。我最为顾虑的就是怕用了不恰当的方式去教育孩子，最后伤害到孩子的心灵，就算在各种育儿网站或者书籍当中查找，也不是总能直接得到关于实际生活中遇到问题的建议或者提示，最后看着孩子身上的一些问题依旧没有得到解决而感到无

助和困惑。

　　面对孩子的情绪或者某些行为，父母常犯的错误就是不能理解，觉得孩子在无理取闹，不听话、不乖、不懂事，然后着急上火迅速处理，随意给孩子贴标签，还经常拿自己的孩子和别人家的孩子对比，甚至把自己的情绪都发泄在孩子身上等。因为我们渴望的永远是孩子要理解我们，要听我们的话，要遵从我们的安排，那么，我们是不是同样做到了去尊重我们的孩子？

在学习中与宝宝共同成长

　　时间如白驹过隙，一眨眼大宝已经五岁了。我大学读的教育
管理专业，记得在教育心理学课堂开小差，在想如果将来自己有
了孩子，从她出生起就按照教育规律做好每一阶段的幼教工作，
让孩子按照成长规律茁壮成长。然而，自己有了宝宝之后，随着
孩子的成长，我才无奈地意识到，宝宝并不会按照我的计划去发
展，比如，计划一岁多就开始给孩子每晚读绘本，可是当我付诸
实践时却发现她并不感兴趣，明确提出不想听；给她买了很多积
木，希望锻炼一下她的想象力、动手能力和耐心，事实是积木买
回来她几乎没玩过，偶尔玩几次也只是简单地拼搭一下，诸如此
类，事不如我愿的情况特别多，我才慢慢意识到，育儿是一门学
问，而且是一门需要在动态中研究和实践的学问，它不会像我在
上学期间想的那样一切按照我的计划来发展。

　　虽然孩子并不会按照我想象的样子去发展，但在她三岁以前
我总觉得自己的育儿知识是够用的，而且对身边有些家长每天研
究育儿书的行为有点儿不屑，可是当孩子上了幼儿园，尤其到了
中班以后，我发现孩子的成长已经超出了我的预期，甚至在处理
一些问题时，我不正确的处理方式对她的行为及性格产生了极大

的影响，使我意识到我也需要认真读一读育儿书籍来充实一下自己的育儿知识。有幸阅读了幼儿园课题组给我们推荐的《你的N岁孩子》这套书籍，它成了我的育儿好帮手。书中对孩子在各个阶段的发展特征进行了描述，并提供了与不同年龄段孩子相处的技巧。这套书让我掌握了孩子成长的一些规律，避免我用自己的世界观判断孩子，并找到了自己的育儿方法，走进孩子的内心。比如，我给大宝买了很多书，在她平时的阅读中我发现她对有很多彩色并带有童话图案的书很感兴趣，喜欢自己看，也喜欢爸爸妈妈给她读，对于图片比较少且场景不太丰富的书不怎么感兴趣。通过阅读《你的4岁孩子》，我明白她的行为正好符合书中提到的"热衷于各种视觉动作"的特点，因此，此后买书时我都给她买一套图文并茂的读本，她果然很喜欢。

有时候比较疲惫，很希望两个孩子晚上能早点入睡，可是姐弟俩却总喜欢在床上蹦蹦跳跳，还笑得前俯后仰，刚开始面对这样的情景有点儿烦躁，但是在阅读《你的4岁孩子》第四章内容时，书中提到"四岁的孩子就像是一个充满气的皮球，有着无尽的活力。他们的肢体需要剧烈的活动，他们有说不完的话、做不完的事情。在说说笑笑、打打闹闹中，其运动能力、表达能力、思维能力都得到了极大的发展"，跟大宝现在的状况是一样的，我才明白这是孩子在这一阶段的特质，我不能因为我的喜好而阻拦，此后不管我多累，都会躺在旁边看着他俩玩耍嬉笑，直到安静入睡，果然，过了一段时间后，我发现两个孩子性格越来越活泼，而且姐弟俩相处得也越来越融洽。

《你的N岁孩子》所描述的孩子在不同年龄阶段的发展特征，是作者对数以千计的孩子进行观察和研究之后，归纳出来的一般性结论。读这套书不仅让我更加了解自己的孩子，理解并欣赏孩子的行为，而且让作为一名教育工作者的我对幼儿的不同年龄阶段的特征有了更深入的了解，做到了在学习中与宝宝共同成长！

脆弱又坚强　难懂又透明

　　一转眼，多多妹妹也变成了中班姐姐，看着小班孩子入园，家人心里的小不点一下变成了大孩子。很多以前看似难以解决的教育问题到了多多四岁这一年变得非常容易，但同时又有很多新的问题接踵而来。大部分困惑都会在《你的5岁孩子》这本书里得到答案。

　　四岁半的多多妹妹有了更加鲜明的性格，一个人独处玩玩具的时间更长，而且更专心，也更期盼得到身边人的肯定和鼓励。随着她和哥哥共同长大，两人会互相陪伴、玩耍，玩各种游戏的时间也更长。肢体动作和语言表达能力上了一个台阶（肢体动作没有跟得上大部分同学，但纵向对比，三岁的多多还是进步了很多，书上写"这个年龄段的孩子存在八个月的差异完全正常"缓解了我的大部分焦虑）。

　　有这么多的进步，随之而来的也当然是一系列问题，比如，她会比三岁的时候更加黏妈妈，会因为别人对她的忽视而伤心哭泣，也会动不动就摔门发脾气。这一系列的问题再加上哥哥上一年级，我的头真的快炸了。和以前一样，我又是翻各种书，调整自己的心态，在辅导好哥哥的同时，更注重妹妹的心理需求。和妹妹出生时哥哥的失落感一样，多多妹妹可能也是因为妈妈对刚入学的哥哥有更多关注才变得更加敏感，我也从书中学到，随着年龄增长孩子求关注的增多是孩子心智成长的一个方面。我也试着让哥哥多去陪伴她，多为她做一些事。

总觉得孩子离开了我们的保护会脆弱得像一只雏鸟，看到离开父母时孩子坚强的一面，又觉得孩子像一只小小雄鹰已经可以展翅高飞。觉得孩子越来越让我们琢磨不透的时候，放轻松去陪伴孩子时又觉得下一步孩子要做什么我们全懂。

经历了两个孩子的成长，我发现，每个孩子的身体机能、性格和脾性都不一样，不能用同一种养育方法和教育方法盖棺定论，也不能要求他们都做到同样优秀。借用一年级哥哥同学家长的一句话：严肃而不严苛，鼓励而不放纵，批评但不谩骂，表扬但不夸大其词。孩子是个小蜗牛，不能生拉硬拽，只能慢慢鼓励、慢慢陪同前进。希望我们都能读懂孩子，做他们愿意倾诉和最愿意陪伴的伙伴。

最美姐妹花

　　我在家人的坚持、好友的鼓励下，接受了二宝的到来。我咨询了身边很多有二宝的朋友，问他们有二宝的好处和如何公平对待两个孩子的经验方法。同时神秘地告诉大宝，我为她准备了一份礼物，就在我的肚子里，大宝开心地问我是巧克力吗？是蛋糕吗？我知道我还需要更多时间带着她慢慢认识这个新生命。接下来的日子里，我给她讲了很多小姐妹相亲相爱的故事，她看着我日渐隆起的肚子，开始悄悄问她爸爸，是不是有个小孩子住在里面，是男孩还是女孩，什么时候出来等问题。也问我如果有了妹妹会不会忘记她、不爱她等，我知道她在努力接受我会再有一个宝宝的事情，我没有回答她，只是一天比一天地给她更多的关怀和爱。生完二宝的第二天，姐姐在病房惊奇地看着那个小小的人，轻轻叫着："妹妹，我是姐姐，我来看你了。"我当时真的很感动，我知道她从内心里喜欢这个小妹妹。

　　两姐妹终于上幼儿园了，我和孩子爸爸也变成了咆哮的恐龙。早上起来赖床哭鼻子、放学任性买东西、把所有玩具都拿出来玩而不收拾、晚上刷牙洗脸讲条件成了每天上演的情节，我的耐心像块饼干，很快就被她们吃光了，只剩下咆哮声，姐妹俩不但不害怕反而有时故意让我咆哮，然后偷偷躲在一旁笑着看着我。姐妹俩之间也是不消停。有一次妹妹拿出姐姐的彩笔玩，玩得正高兴，姐姐立即就过来抢，妹妹哪里肯松手，姐姐就咬了妹妹，我听到哭声出来，就对姐姐说："你是姐姐，要让着妹妹，别这么小气！"谁知姐姐大哭着喊道："彩笔本来就是我的，凭什么要给她玩，为什么姐姐就要让着妹妹，你就不会给妹妹再买一盒吗？"我瞬间哑口无言，也想尽快找到解决以上问题的方法。

通过阅读绘本和《你的N岁孩子》这一套丛书，我明白了孩子们在幼儿园学习怎么过集体生活，也明白了四五岁的她们知道的事情越来越多，思想也越来越丰富，自己特有的天赋也越来越明显，她们变得对什么事情都积极主动去探索，而且精力旺盛，变得开始有自己的想法和主见，可以说甚至有点儿叛逆。这本书帮助我更好地了解我的孩子在这个年龄到底在想什么、做什么。面对孩子的变化，不再只有咆哮声和质问声，而应多去倾听、陪伴、互动、感受，学会放手，学会让孩子们体验生活中的点点滴滴，即使失败也不过多地责罚和保护，教会孩子们去接受。

希望我家这对姐妹花以后能相亲相爱，彼此守护。

陪伴你们一起成长

六年时间眨眼就过去了，两个孩子相继出生，从呱呱啼哭的小婴儿长成现在的胖小子和鬼精灵丫头。作为他们的父母，非常期待他们的成长，又害怕成长路上的困难。妹妹是在哥哥八个月的时候突然来临，当时欣喜又害怕。因为我们都已经被一个孩子弄得心力交瘁，何况二孩？但又因我们从小是在大家庭里长大的，对于亲情有着特别的依恋，所以决定生下妹妹。

哥哥基本上是由姥姥带到了三岁半，妹妹和妈妈在一起的时间多。两个人没有上幼儿园时不能经常待在一起，那时候两个人每次见面都会拥抱、牵手、分享玩具，每次看见他们暖暖的场景，我们总是异常感动。

随着两个人住在一起的时间越来越长，家里总会听到这样的声音："妈妈是我一个人的！""妈妈你多哄哥哥一分钟！""妈妈你抱了妹妹，没有抱我！"总会看到这样的场景：抢玩具、抢绘本、抢食物。总有两个人玩得不亦乐乎，妈妈气得磨牙的场景：刷牙时整个洗漱台湿淋淋，洗脚成了水漫金山寺，睡觉成了蹬被子比赛。面对以上各种场景，我们忍住噌噌往上直蹿的火，深呼吸后问原因，两个人理直气壮地顶嘴"哥哥/妹妹就这样做",每当这时,内心完全崩溃,接着家里就是鸡飞狗跳。

读完这本书后,深深地感觉自己对孩子的了解和如何育儿这方面有太多的欠缺。陪哥哥做思维训练、做手工、看动画片、读绘本、玩游戏,都是妈妈的安排,但对妹妹的陪伴却是你想干什么就干什么,只要不过分,都可以随自己安排。现在认真反省后天对两个孩子的不同教育方式,确实对孩子的性格有一定的影响:哥哥胆小、懒惰;妹妹任性、大胆。

对孩子的心理很少去探究,对孩子的教育方面又很少全面地了解、分析和规划。没有及时疏导孩子的情绪,没有严格地制定规矩,而我却还停留在只管吃喝的传统育儿观念上,没有认真学习如何培养孩子良好的学习习惯、生活习惯,开拓孩子的眼界和思维,树立孩子正确的价值观,造成孩子身上出现好多坏毛病,印证了那句老话"孩子的毛病都是父母造成的"。

这本书给了我们许多方面的指导,详细介绍了四五岁孩子的各种特征,从孩子的游戏、认知、创造、音乐、运动等方面,介绍了如何引导他们能够更好、更快乐地成长,给我带来了很多思考,让我学会了如何坚持以身作则,如何学习和孩子相处,如何平等地对待他们,如何把更美好的东西带给他们。

曾在朋友圈看到这样的话"我们要孩子为了什么?不是他为我争光,不是我为他们付出,而是为了让自己更好,为了自己后面的人生路上有爱、有光,所以,把他们当作我们的旅伴,一起愉快地走吧,别让自己破坏了这一路的美好,更别让自己因为孩子而讨厌自己"。所以,爸爸妈妈决定做你们忠实的旅伴,和你们共同学习、探索,陪伴你们一起成长。

中 篇
"家有二宝"实践探索

"家有二宝"亲子共读家长助教
指导活动教案

　　陪伴孩子　读懂孩子　巧爱孩子："养好孩子"，毫无疑问是每个为人父母者最为期待、最为关注的事情。而对于父母来说，"养好自己的孩子"是一件难而又难的事情，因为要达到目的就要真正地了解孩子的特点、真正明白孩子的真实需要、真正知道自己怎样做对孩子来说才是最好的和最适宜的。只有真正了解孩子，才能更好地教育和陪伴他。

《彼得的椅子》阅读活动

班　级	大　班	执　教	班级教师 家长助教
设计意图：经过班级集体亲子阅读活动的推进，班级的家长在亲子共读活动进行时，还存在不少的困惑。因此，我们特意选择了《彼得的椅子》这本绘本，通过阅读贴近幼儿生活的故事，将活动的主导者由教师转换为家长和孩子，教师可以直观地观察到班级家长和孩子亲子阅读的状态，为亲子阅读指导方向。			

续 表

活动目标：

1.通过教师指导家长，让家长学会引导孩子带着问题阅读绘本《彼得的椅子》。

2.教师通过对亲子阅读活动的观察，为家长提供更合适的亲子阅读指导方法。

活动预设	价值分析
一、讨论 1.家长讨论：当您拿到这本书，您会和孩子如何阅读？ 2.教师：我们一般拿到一本绘本是让孩子带着关键性问题去自主阅读。那您看了这本书后有哪些重点问题呢？	引导家长了解、掌握一些亲子阅读的方法，让家长学会引导孩子带着问题去阅读。
二、亲子共读 1.幼儿进场。 教师提出要求：小朋友在看书的时候如果有不明白的地方，可以问问自己的爸爸妈妈哦！ 2.将活动完全交给家长和孩子，教师观察并随机进行指导，了解亲子共读的情况。 3.教师提出关键的问题：妹妹出生后，彼得高兴吗？为什么？他的心情到底是什么样的呢？他都做了哪些事情？	通过对家长的指导，让家长带着幼儿一起阅读。
三、交流分享 1.教师：彼得刚开始带着椅子离家出走，后来又为什么愿意把椅子送给妹妹了呢？ 2.家长围绕几个重点问题，引导孩子去体会彼得的一系列心理变化。 3.引导幼儿讨论：如果你是彼得，你会怎么做？请你想一想后告诉爸爸妈妈。	幼儿和家长、教师一起解读故事，理解彼得的心理变化，体验长大的快乐。

《大宝小宝向前冲》阅读活动

班　级	大　班	执　教	班级教师 家长助教

设计意图：3～6岁是孩子成长认知的敏感期。他们想要得到家人更多的关注，同时担心有了弟弟妹妹，爸爸妈妈会不爱自己了。有了小宝的家庭在大宝敏感焦虑的时候如何引导？绘本《大宝小宝向前冲》在理解孩子内心微妙敏感情感的基础上，帮助孩子意识到爱的真正内涵，理解同胞爱的真正价值所在。

活动目标：
1.通过亲子阅读，让大宝了解自己和小宝得到的不一样。
2.通过对亲子阅读活动的观察引导家长化解大宝内心微妙敏感的情感变化。

活动预设	价值分析
一、讨论 1.家长讨论：在小宝出生后，我们有没有因为忙着照顾小宝，忽略过大宝？ 2.教师：当大宝再来到您的面前为了获得爱，努力做一些事，想要证明自己，博得您的关注时，说明他现在正处于焦虑状态，他怕爸爸妈妈因为有了小宝而不爱自己了。	引导家长了解大宝总是缠着大人、不断证明自己的原因。
二、亲子共读 1.幼儿进场。 教师提出要求：小朋友在看书的时候最喜欢哪一页内容，可以和自己的爸爸妈妈分享哦！ 2.将活动完全交给家长和孩子，教师观察并随机进行指导，了解亲子阅读的情况。 3.教师提出关键的问题：当家人发现小宝会笑的时候，大宝是怎么做的？爸爸妈妈对大宝这样做的态度是什么样的？他们是怎样说的？得到家长关注的大宝心情怎么样？	通过对家长的指导，让家长带着幼儿一起阅读，并了解有了二宝以后，应正确对待大宝的心理需求。

续 表

三、交流分享 1.家长围绕几个重点问题，引导孩子去体会大宝的一系列心理变化。 2.教师：后来小宝会走路了，他奔向了谁的怀抱？大宝看到小宝向自己走来，他是怎么做的？这时大宝是什么心情？ 3.引导幼儿讨论：如果你是大宝，你会像他那样爱自己的弟弟吗？请你想一想后告诉爸爸妈妈。	幼儿和教师一起解读故事，理解大宝从对二宝焦虑到接纳，再到快乐陪伴的心理、行为变化。

《妈妈的魔法肚子》阅读活动

班 级	大 班	执 教	班级教师 家长助教
设计意图：妈妈怀二宝后，爸爸是用什么样的方式告诉大宝的？大宝还记得自己在妈妈肚子里发生的事情吗？知道自己在出生前家里的人在做什么吗？妈妈的肚子里有小宝宝了，大宝该怎么做、能做什么？通过阅读绘本《妈妈的魔法肚子》，让大宝感受生命的奇妙。			
活动目标： 1.通过家长、幼儿、教师共读，了解宝宝在妈妈肚子里生长的奇妙过程，让大宝对二宝的到来也充满期待。 2.知道自己是哥哥（姐姐），应该担负起照顾二宝的责任。			

活动预设	价值分析
一、讨论 1.家长讨论：在孕育大宝时我们都做过什么？现在大宝面对肚子里的二宝，我们可以怎样做？ 2.教师：我们拿到一本绘本，都是让孩子带着关键性问题去自主阅读，那您看了这本书后有哪些重点问题呢？	引导家长找到绘本里的关键问题，再让孩子带着问题去阅读。

续 表

二、亲子共读 1.幼儿进场。 教师：小朋友在看书的时候，如果有不明白的地方或者觉得最有趣的地方可以和爸爸妈妈说一说哦！ 2.将活动交给家长和孩子，教师观察并随机进行指导，了解亲子阅读的情况。 3.教师提出问题：妈妈的魔法肚子里有了小宝宝以后，妈妈有什么变化？爸爸和阿布做了什么？	教师带领家长、幼儿一起阅读，通过对关键问题的讨论，了解肚子里的小宝宝需要大家一起来关爱呵护。
三、交流分享 1.家长围绕几个重点问题，引导孩子去体会：阿布的责任感体现在哪里？ 2.教师提出问题：阿布是怎样照顾妈妈的？当妈妈吃了阿布给她的苹果后肚子里的小宝宝会怎么样？ 3.引导幼儿讨论：如果你是阿布，你会怎么做？	幼儿和教师一起解读故事，树立阿布作为哥哥要照顾小宝宝的责任意识。

《我会有个弟弟吗？》阅读活动

班　级	中　班	执　教	班级教师 家长助教
设计意图：一直期待的弟弟变成妹妹，大宝会怎样？我们的家长在亲子阅读的活动进行时，通过有趣好玩的想象力绘本《我会有个弟弟吗？》将活动的主导者由教师转换为家长和孩子，教师可以直观地观察到班级家长和孩子亲子阅读的状态，产生一段亲子之间奇妙的感情联结。			
活动目标： 1.通过教师指导家长，初步了解可以通过一些方法指导孩子阅读绘本《我会有个弟弟吗？》。 2.教师通过对亲子阅读活动的观察为家长提供更合适的指导方法。			

续 表

活动预设	价值分析
一、讨论 1.家长讨论：当您拿到这本书，您需要解决什么问题？ 2.教师：我们一般拿到一本绘本是让孩子带着关键性问题去自主阅读，那您看了这本书后有哪些重点问题呢？	指导家长一些进行亲子阅读的方法，就是要让孩子带着问题去阅读。
二、亲子共读 1.幼儿进场。 教师提出要求：小朋友在看书的时候，如果有不明白的地方可以问问自己的爸爸妈妈哦！ 2.将活动完全交给家长和孩子，教师观察并随机进行指导，了解亲子阅读的情况。 3.教师提出关键的问题："'我'喜欢弟弟还是妹妹？你从哪里看出来的？"	通过对家长的指导，让家长带着幼儿一起快乐阅读并鼓励孩子大胆猜想故事情节。
三、交流分享 1.围绕几个重点问题，引导孩子去了解有了妹妹后"我"的变化。 2.引导幼儿讨论：你想要个弟弟或者妹妹吗？请你想一想后，告诉爸爸妈妈。 3.教师提出问题："我"一直想有个弟弟，我做了哪些准备？	幼儿和教师一起解读故事，解决二孩家庭的备孕问题，提升孩子的责任感和幸福感。

《分享》阅读活动

班 级	中 班	执 教	班级教师 家长助教
设计意图：一起拥抱成长的美好时光，通过温情有趣的《分享》这本绘本，将活动的主导者由教师转换为家长和孩子，教师可以直观地观察班级家长和孩子亲子阅读的状态，因为"爱"，我们愿意分享。			

续　表

活动目标：
1.教师指导家长可以结合家庭生活中的场景，和孩子一起阅读绘本《分享》。
2.教师通过对亲子阅读活动的观察为家长提供更合适的指导方法。

活动预设	价值分析
一、讨论 1.家长讨论：当您拿到这本书，您需要解决什么问题？ 2.教师：我们拿到一本绘本后让孩子自主阅读，然后家长可以结合家庭生活中的场景，跟孩子展开对故事内容的讨论。	指导家长一些亲子阅读的方法，指导家长可以结合家庭生活中的场景，让孩子说一说，我们在家里可以跟弟弟妹妹分享什么？
二、亲子共读 1.幼儿进场。 教师提出要求：小朋友在看书的时候如果有不明白的地方可以问问自己的爸爸妈妈哦！ 2.将活动完全交给家长和孩子，教师观察并随机进行指导，了解亲子阅读的情况。 3.教师提出关键的问题："我和弟弟都分享了哪些东西？"	通过对家长的指导，让家长带着幼儿一起阅读并鼓励孩子大胆地讲述。
三、交流分享 1.围绕几个重点问题，引导孩子去观察分享过后姐姐的物品现状。 2.教师：如果是你，你愿意分享吗？你爱他（她）吗？ 3.引导幼儿讨论：如果你是姐姐，你愿意分享些什么？请你想一想后告诉爸爸妈妈。	幼儿和教师一起解读故事，解决二孩家庭的情感问题，提升孩子的责任感和幸福感。

《妈妈肚子里有座房子》阅读活动

班 级	中 班	执 教	班级教师 家长助教

设计意图：家里添了小宝，大宝会怎样？通过风趣幽默的《妈妈肚子里有座房子》这本绘本，将活动的主导者由教师转换为家长和孩子，教师可以直观地观察到班级家长和孩子亲子阅读的状态，用充满韵律的语言，描述备孕家庭的甜美故事。

活动目标：
1.通过教师指导家长一些方法引导孩子阅读绘本《妈妈肚子里有座房子》。
2.教师通过对亲子阅读活动的观察为家长提供更合适的指导方法。

活动预设	价值分析
一、讨论 1.家长讨论：当您拿到这本书，您需要解决什么问题？ 2.教师：我们一般拿到一本绘本是让孩子带着关键性问题去自主阅读，那您看了这本书后有哪些重点问题呢？	指导家长一些亲子阅读的方法，带着孩子的问题去了解故事内容。
二、亲子共读 1.幼儿进场。 教师提出要求：小朋友在看书的时候如果有不明白的地方可以问问自己的爸爸妈妈哦！ 2.将活动完全交给家长和孩子，教师观察并随机进行指导，了解亲子阅读的情况。 3.教师提出关键的问题："妈妈肚子里住着谁？大宝是怎样和小宝交流的？"	通过对家长的指导，让家长带着幼儿一起阅读。让孩子在感受故事风趣幽默的同时，找到"我从哪里来"这个问题的答案。
三、交流分享 1.围绕几个重点问题，引导孩子去了解有了小宝后大宝的变化。 2.教师：如果你的妈妈肚子里有座小房子，你想怎样做？	幼儿和教师一起解读故事，解决二孩家庭的备孕问题，提升孩子的责任感和幸福感。

续 表

3.引导幼儿讨论：如果你的妈妈肚子里有座小房子，你想对小宝说什么？请你想一想后告诉爸爸妈妈。	

《我是大哥哥》阅读活动

班 级	小 班	执 教	班级教师 家长助教
设计意图：阅读活动进行一段时间后，我们班的家长对亲子阅读由刚开始的被动变为主动，出现这种变化让我感到很欣慰，阅读的好习惯已初步养成。在亲子阅读中我将通过绘本《我是大哥哥》观察家长和孩子亲子阅读的状态，为今后亲子阅读的有效开展打下基础。			
活动目标： 1.教师通过对亲子阅读《我是大哥哥》活动的观察，发现问题，给予家长指导。 2.经过家长与老师的沟通探讨后，亲子阅读活动的开展会更加有效。			

活动预设	价值分析
一、讨论 1.家长讨论：当您拿到这本书选择什么方式与孩子一起阅读？ 2.教师建议：我们一般拿到一本绘本先是让孩子去观察画面，再思考问题。	阅读前引导家长寻找适合小班幼儿年龄亲子阅读的方法。
二、亲子共读 1.幼儿进场。 教师提出要求：小朋友，仔细观察书上画了什么？动脑筋想一想这个男孩在做什么？ 2.爸爸妈妈引导幼儿观察绘本画面，鼓励幼儿大胆讲述。在幼儿讲述的基础上对故事内容给予补充。 3.教师提出问题：小朋友画面上画的是男孩还是女孩	在家长引导幼儿阅读绘本的过程中，给予幼儿帮助，鼓励幼儿大胆表达自己所看到的内容，在幼儿自己表达的基础上，家长再进

续 表

呢？我们的大哥哥都为小宝贝做了一些什么事情呢？爸爸妈妈对"我"的爱会改变吗？	一步将绘本内容完整地讲给幼儿听，加深幼儿对故事内容的理解。
三、交流分享 围绕绘本，引导幼儿再次观察画面，父母、教师、幼儿共同交流讨论：你是如何当大哥哥的，你都为小宝贝做了一些什么事情？爸爸妈妈对"我"的爱会改变吗？引导幼儿把绘本上学到的生活经验迁移到自己生活当中来。	幼儿和父母再次阅读绘本，感受当大哥哥的心理活动，帮助幼儿建立自信心，相信自己对爸爸妈妈来说是独一无二的。

《我是大姐姐》阅读活动

班 级	小 班	执 教	班级教师 家长助教
设计意图：阅读活动进行了一段时间后，我们班的各位爸爸妈妈还存在着不少的困惑，针对哥哥、姐姐如何相处这个问题，我将通过亲子绘本阅读《我是大姐姐》观察家长和孩子亲子阅读的状态，为今后亲子阅读的有效开展打下基础。			
活动目标： 1.教师通过对亲子阅读《我是大姐姐》活动的观察，发现问题，给予家长指导。 2.经过家长与教师的沟通探讨后，亲子阅读活动开展得会更加有效。			

活动预设	价值分析
一、讨论 1.家长讨论：当您拿到这本书会选择什么方式与孩子一起阅读？ 2.教师建议：我们一般拿到一本绘本先是让孩子	阅读前引导家长寻找适合小班幼儿年龄亲子阅读的方法。

续 表

去观察画面，再思考问题。	
二、亲子共读 1.幼儿进场。 教师提出要求：小朋友，仔细观察书上画了什么？动脑筋想一想这个女孩在做什么？ 2.爸爸妈妈引导幼儿观察绘本画面，鼓励幼儿大胆讲述。在幼儿讲述的基础上对故事内容进行完善。 3.教师提出问题：小朋友画面上画的是男孩还是女孩呢？我们的大姐姐都为小宝贝做了一些什么事情呢？爸爸妈妈对"我"的爱会改变吗？	在家长引导幼儿翻看绘本的过程中，给予幼儿帮助，鼓励幼儿大胆表达自己所看到的内容，家长再进一步将绘本内容完整地讲给幼儿听，加深幼儿的理解。
三、交流分享 围绕绘本，引导幼儿再次观察画面，父母、教师、幼儿共同交流讨论：你是如何当大姐姐的？你都为小宝贝做了一些什么事情？爸爸妈妈对"我"的爱会改变吗？引导幼儿把绘本上学到的生活经验迁移到自己生活当中来。	幼儿和父母再次阅读绘本，感受当大姐姐的心理活动，帮助幼儿建立自信心，相信自己对爸爸妈妈来说是独一无二的。

《我会上厕所》（男孩）阅读活动

班　级	小　班	执　教	班级教师 家长助教
设计意图：我们班的家长和孩子虽然已初步养成阅读的好习惯，但在阅读中不少爸爸妈妈觉得亲子阅读光是家长讲幼儿听，最后也不知道幼儿到底听懂了没有。针对这个问题，通过此次共读幼儿生活绘本《我会上厕所》（男孩），教师将成为亲子阅读的引导者，观察家长和孩子亲子阅读的状态，为今后的亲子阅读能够更加有效地开展，共同与爸爸妈妈进行探讨，并提出自己的意见和建议。			

续 表

活动目标：
1.教师通过对亲子阅读《我会上厕所》（男孩）活动的观察，发现问题，给予家长指导。
2.通过沟通探讨，让亲子阅读活动的开展更加有效。

活动预设	价值分析
一、讨论 1.家长讨论：当您拿到这本书时，您首先会选择什么样的方式去给孩子讲解这本书？ 2.教师建议：我们一般会首先让孩子自由去观察画面，然后提出一些自己的问题。	阅读前引导家长寻找适合小班幼儿年龄亲子阅读的方法。
二、亲子共读 1.幼儿进场。 教师提出要求：小朋友,你要仔细观察书上画了什么？动脑筋想一想，然后告诉爸爸妈妈图画里面有什么？ 2.爸爸妈妈引导幼儿观察绘本画面，鼓励幼儿表达，在幼儿表达的基础上对故事内容进行完善。 3.教师提出问题：小朋友画面上画的是男孩还是女孩呢？他叫什么名字？那我们的小男孩麦克是怎样上厕所的呢？虽然有时麦克还是会尿裤子，妈妈有没有批评他？最后我们的麦克学会上厕所了吗？	在幼儿自主翻看绘本的过程中，引导家长给予幼儿帮助，鼓励幼儿大胆表达自己所看到的内容，在幼儿自己表达的基础上，家长再进一步将绘本内容完整地讲给幼儿，加深幼儿的理解。
三、交流分享 围绕绘本，引导幼儿再次观察画面，父母、教师、幼儿共同交流讨论：你是如何上厕所的？会把尿尿到裤子上吗？引导幼儿把从绘本上学到的生活经验迁移到自己生活当中来。	幼儿和父母再次一起阅读绘本，感受麦克学习上厕所的一系列心理活动，帮助幼儿建立自信心，相信自己也会上厕所，不会再尿裤子。

《我会上厕所》（女孩）阅读活动

班 级	小 班	执 教	班级教师 家长助教

设计意图：在阅读中各位爸爸妈妈还存在着不少的困惑，比如如何将绘本和孩子的生活联系起来。针对这个问题，通过此次共读幼儿生活绘本《我会上厕所》（女孩），教师将成为亲子阅读的引导者，观察家长和孩子亲子阅读的状态，为今后的亲子阅读能够融入幼儿的生活共同与爸爸妈妈进行探讨。

活动目标：
1.教师通过对亲子阅读《我会上厕所》（女孩）活动的观察，发现问题，给予家长指导。
2.通过家长与教师的沟通探讨后，亲子阅读活动开展得会更加有效。

活动预设	价值分析
一、讨论 1.和家长沟通：当您拿到这本书时，您首先会选择什么样的方式去给孩子讲解这本书？ 2.教师提出建议：我们如何将绘本和孩子的生活联系起来，让孩子通过绘本故事，学会自己如厕。	阅读前引导家长寻找适合小班幼儿年龄亲子阅读的方法。
二、亲子共读 1.幼儿进场。 教师提出要求：小朋友，你要仔细观察书上画了什么？动脑筋想一想它是想告诉小朋友什么呢。 2.爸爸妈妈引导幼儿观察绘本画面，鼓励幼儿表达，在幼儿表达的基础上对故事内容进行完善。 3.教师提出问题：小朋友，画面上画的是男孩还是女孩呢？她叫什么名字？那我们的小女孩莉莉是怎样上厕所的呢？虽然有时莉莉还是会尿裤子，妈妈有没有批评她？最后我们的莉莉学会上厕所了吗？	在幼儿自主翻看绘本的过程中，引导家长给予幼儿帮助，鼓励幼儿大胆表达自己所看到的内容。在幼儿自己表达的基础上，家长再进一步将绘本内容完整地讲给幼儿，加深幼儿对故事内容的理解。

三、交流分享 围绕绘本,引导幼儿再次观察画面,父母、教师、幼儿共同交流讨论:你是如何上厕所的?会把尿尿到裤子上吗?引导幼儿把从绘本上学到的生活经验迁移到自己生活中来。	幼儿和父母再次一起阅读绘本,感受莉莉学习上厕所的一系列心理活动,帮助幼儿建立自信心,相信自己也会上厕所,不会再尿裤子。

"家有二宝"亲情故事

在一起：哥哥背着书包去上学，妹妹上前拉着哥哥的手说："哥哥，我会想你的！"哥哥说："我也会的！"然后，哥哥妹妹抱在一起说："我——爱——你！"我想，"在一起"应该是童年最珍贵的记忆，也是一生最美的时光……

你们是快乐的　我们就是幸福的

家庭信息：

父亲年龄：35岁　　职业：未知

母亲年龄：37岁　　职业：医生

大宝年龄：5岁　　性别：男　　班级：中班

二宝年龄：0.5岁　　性别：女　　班级：未入园

一年前作为"80后"的我们在国家政策的允许下也准备要二

孩。因为听说过其他家庭有大宝排斥小宝的情况，从怀孕初，就早早开始做儿子的"工作"。可儿子自始至终都没有表现出丝毫排斥情绪，而是和大家一样期盼着弟弟或妹妹的到来。记得生二孩那天，我准备去医院生产，就告诉儿子先去爷爷家，儿子嚷着要跟去医院，当被告知小孩不可以去医院时，儿子眼泪汪汪地说了一句话："那妈妈你做手术谁保护你？"童言无忌，孩子的纯真、无私深深触动了我！当得知爸爸会保护妈妈时，儿子极不情愿地跟着爷爷走了，临走时说了一句："妈妈我会想你的。"这一刻，我心里是温暖的。没错，就是我亲生的！第二天幼儿园放学后儿子就嚷着让爷爷带他到医院看妹妹，到了医院非要抱抱妹妹，还很认真地告诉大家他会小心的。

在我坐月子期间，二宝需要安静，可儿子总会时不时制造出"噪声"，我们也是软硬兼施，有时儿子也会极不情愿地回到自己房间，然后关上房门，看着他小小的背影，我也很无奈，毕竟他才4岁多，感觉是不是自己的方式不对。我拿了儿子爱吃的零食去哄他时，打开房门，却见他自己玩得不亦乐乎。唉！他们的世界我们不懂。

随着二宝慢慢长大，大宝有时也表现出"妈妈有了妹妹，不能陪我玩了"的情绪，好在他只是不满，却没有排斥。我能感觉他心里的微妙变化，尽可能多地陪他，以减轻他的不满情绪。记得那天，我正在扫地，大宝在看电视，二宝躺在沙发上开始哭闹，我说："儿子，快去哄哄妹妹"，儿子跑到妹妹身边一边用小手拍着妹妹，一边嘴里唱着儿歌，学着我们平时的样子逗妹妹，不想二宝竟咯咯地笑了，一看妹妹被自己逗笑了，哥哥兴头更大了，继续逗着妹妹。我赶紧用手机拍下了这温馨的一幕！

作为二孩家庭，我们会比别人更辛苦，可只要你们是快乐的，爸爸妈妈就是幸福的！

不再孤单　彼此温暖

家庭信息：

父亲年龄：40岁　　职业：棋类培训

母亲年龄：32岁　　职业：棋类培训

大宝年龄：5.5岁　　性别：女　　　班级：大班

二宝年龄：11个月　性别：女　　　班级：未入园

大宝是我鼓足勇气怀的，之前一直都怀疑自己的体质不能孕育健康的宝宝，结果宝宝挺好，真是要谢谢照顾我的妈妈了。大宝的出生改变了我们之前的生活，工作完要赶紧回家。随着时间的推移，对大宝的陪伴越来越少，我们陪她玩感觉也很累，所以对大宝缺少了很多耐心。就想让她快快长大，到了上幼儿园的年龄送到幼儿园。入园第一天我和她爸爸都觉得轻松了很多，又有了一点儿自己的时间了。

到中班的时候，看着大宝总是一个人，有些孤单，我自己是独生女，现在什么事都是靠自己，就觉得有两个宝宝会彼此温暖。国家放开二孩政策，两个孩子的家庭也越来越多，于是我下定决心生了二宝。

现在我们又都回到五年前的家庭生活了，照顾两个宝宝更是没有一点儿自己的时间了。二宝出生后我们有了更多耐心，不再着急她快点长大。一是我们已经习惯了带孩子的生活，二是带大宝的这几年里，大宝身上出现的一些变化让我不断思考、学习，我反思我们做父母的有哪些没有做好的地方。于是在二宝的身上我们多了耐心，有了方法，留意两个宝宝每天的成长变化，尽情体会宝宝们在成长中带给我们纯真的欢乐。

我们家的姐姐五岁半，妹妹十一个月，姐妹俩相差四岁半，相互都很喜欢，我想孩子之间的矛盾主要是我们家长没有协调好、没有注意到或没有处理好造成的。

比如，我们说妹妹哪里好，姐姐听见就会不高兴甚至愤怒；姐姐的东西给妹妹玩或用，姐姐心情好时表示理解同意，心情不好时会很生气，原因是我们没有经姐姐同意，擅自给妹妹玩了她的玩具；还有是姐姐心里对我们没有关注她、宠她而发泄不满情绪。以前我会觉得姐姐任性不懂事，现在我认识到孩子就是孩子，她不会清楚地表达她的情绪，她也需要爸爸妈妈对她的爱和关注。孩子哭闹这些举动也让我有了思考，是我们没有注意到姐姐的心理需要，家里有了妹妹，我们关注的焦点都发生了变化，姐姐有情绪我现在能够理解她，现在两个宝宝有问题我会引导大宝教小宝，让宝宝们心中有家、有彼此、有爱。

祝宝宝们健康快乐地成长，爸爸妈妈很爱你们。

快乐二宝

家庭信息：

父亲年龄：33岁　　职业：国企员工

母亲年龄：31岁　　职业：教师

大宝年龄：4岁　　性别：女　　班级：小班

二宝年龄：1岁　　性别：男　　班级：未入园

许多家庭在选择生二宝前，都会犹豫权衡许久，最终才决定是否要生，而我们家生二宝是大家一开始就一致同意的，出于两个原因：一是受传统观念影响，为了延续血脉，希望能生一个男宝宝；二是希望大宝能有个伴儿一同成长，所以，怀二宝也是顺其自然，没有刻意去做什么。

2017年11月16日，二宝降生，走进了我们的大家庭，我也如愿地凑了一个"好"，心中甚是感念。先说说怀二宝时大宝的反应吧。自从我怀孕，每当有人问大宝："你妈妈怀的是小弟弟还是小妹妹啊？"大宝都会很认真地回答说："小妹妹。""为什么啊？""因为小妹妹会跟我玩，不会欺负我。"老人都说小孩子直觉都特别准，每当她这样说时我心里都会想也许我怀的就是女孩，甚至在二宝出生前我一直觉得自己会生个女孩，虽然我心底希望是个男孩，但生孩子的事毕竟不是一切都如我所愿的，想着那就顺其自然吧，生个女孩也好，两个女孩子就是两件小棉袄，我还可以给她们买一样的衣服，打扮得像双胞胎一样。大宝从小就比较黏我，所以总喜欢让我抱她，但自孕期到16周时，我肚子已凸起，没法抱她了，她也像个小大人一样很自觉地跟我说"妈妈你不能再抱我了，你再抱我会压到宝宝的"，听了大宝的话，我的心瞬间暖化了。从那时起直至我坐完月子，她再也没有让我抱过她，挨着我睡觉也是小心翼翼的。之前我还担心怀二宝她会抵触，但看她对腹中的二宝呵护有加，我就放心了很多。也就是从那时起大宝突然长大了，她到哪儿都自己走路，也没再让大人抱她。最近去幼儿园的路上总会看到有小朋友让家长抱着或背着上学，再看看身边自己走路、从没说过让我抱的大宝，心里很是欣慰。

老大是剖宫产的，所以医生建议我为了安全起见不要尝试顺产了，我就选择了在二宝预产期那天剖宫产，当医生取出孩子告诉我生了个男孩的那一刻，我的眼泪不禁从脸颊流下。哭不只是因为生了男孩，更是因为自己辛苦怀孕，二宝平安降生，因为只有母亲才能体会怀孕的那份美好和艰辛。大宝第一眼看见二宝的时候很开心，还嚷嚷着要亲小弟弟，可是在我躺着给二宝喂奶的时候，大宝哭着一定要和我一起躺在病床上，还一定要躺在我和小弟弟中间，我跟她说我在给二宝喂奶，让她躺在另一侧，她使劲地哭着说不行，这时候大宝的反应告诉我：她在吃二宝的醋，她开始觉得有人要和她分享妈妈的爱了。这种情况一直持续到我出院。以为在医院这几天，大宝应该有所适应了，可是回到家大宝见我抱着二宝喂奶就哭得跟个泪人似的，硬是要我放下二宝抱着她，看她哭得那样伤心，我就让二宝躺下来，然后抱着她，可是这时候二宝又不干了，也一个劲地哭，看着大宝哭得那样伤

心，我当时心里也非常难过，因为我觉得虽然她已经三岁了，但她还是个小孩子，我完全能理解她此刻的心情。家人想强行抱走大宝让我给二宝喂奶，可我选择让他们抱着二宝，因为我知道从现在开始一定要给她讲道理，让她明白她已经做姐姐了，她有可爱的小弟弟了，弟弟还小，需要妈妈喂奶，但无论如何，爸爸妈妈是一样爱她俩的，否则她会一直抵触下去。就在我给她讲道理的同时，家人也在旁边开导，果不其然，第二天起，大宝就不再哭闹了，而且在二宝哭的时候，会赶紧叫醒我让我给二宝喂奶，说小弟弟饿了。毕竟她还只是个孩子，需要慢慢开导，好在她很快就明白道理了，也很快进入了姐姐的角色，没事的时候就坐在床上叠弟弟的衣服和尿布，叠得很整齐，我想，整齐里包含的是她对小弟弟的爱。

我们一直相爱着

家庭信息：

父亲年龄：30岁　　职业：工程师

母亲年龄：31岁　　职业：文员

大宝年龄：4岁　　性别：男　　班级：小班

二宝年龄：1个月　　性别：男　　班级：未入园

我有两个可爱的宝贝，哥哥今年四岁，弟弟刚满月不久，我们是相亲相爱的一家人，从怀二宝开始，因为反应太大而孕吐，那个时候大宝就知道心疼妈妈。每当我跑去厕所吐时，大宝就随着跑来给我拍背，当我想躺下休息时，他会扶我进卧室，当然他也很想黏着我，让我陪他玩。他经常问我，妈妈什么时候能好，能陪他，能抱他，我觉得大宝很懂事，偶尔也会觉得他有些可怜，便开始担心他可能接受不了二宝即将与他分享妈妈的爱这个现实。因此，我开始跟他做很多铺垫，不能抱他，但随时会给他拥抱和亲吻，告诉他妈妈是最爱宝贝的，所以要给宝贝生一个能天天在一起玩耍的小朋友，这样宝贝就不会孤单了。慢慢地他也期待这个小宝宝的出生，并且亲自给他取了一个可爱的名字——小苹果。我会经常编出一些哥哥和弟弟将来生活中可能出现的种种情景并且讲给大宝，久而久之大宝自己也会设想一个个画面，会跟小苹果说许多话，那么我最多的胎教就是"小苹果，你看哥哥厉害吧"如何如何，让他早早进入哥哥的角色。

整个孕期大宝还是比较体谅我，他也很感性，害怕我开刀，害怕我会死，抱着我流眼泪，他真的很爱我，一直到二宝出生。他也很爱弟弟，住院时，他帮奶奶提着饭盒一路走来给我送饭，时不时地看看、拍拍弟弟。出院以后，每天上学出门前都要和我拥抱，再亲亲弟弟，放学回来的第一件事也是要先看看弟弟，还很喜欢闻弟弟身上的味道，会跟大家嘱咐"不要抱习惯了，让他躺着"等。在这个阶段，我还是特别关注大宝的情绪和状态，有时候发现他也会试探我对他的态度，会引起我对他的关注度。我知道他很敏感、很细腻，并没有完全适应弟弟的到来打破了原来的生活状态，所以我很小心地呵护他的内心，尽可能保持原有的生活规律和习惯，这个时候爸爸也会及时补位，对大宝疼爱有加。

　　这一年的怀孕历程比较艰辛，对大宝的陪伴和教育也缺失了很多，所以对他的爱不能因为二宝而减少，反而更要加倍，更要去弥补。为了不忽略他，我会让大宝参与对二宝的护理、教育、玩耍，让大宝觉得自己也有义务和责任，这样他就会很有成就感。他也会主动催我给二宝换尿布，说弟弟拉臭屁屁了，会帮我接水给他洗屁股，还会帮弟弟洗澡、做被动操等。哥哥越来越有爱，越来越能干了。当然他也有很淘气的时候，常常会把臭脚丫给弟弟闻，吃东西时会偷偷喂弟弟，我在制止的同时会及时鼓励他"哥哥是个爱分享的好孩子"。有时候他也不太会表达对弟弟的喜欢，把握不好分寸；有时候会故意捣乱，跟我对着干；有时候会因为没有安全感而发脾气，而我就像打地鼠一样跑前跑后，交替安慰。有两个宝贝的日子里每天既有温暖和爱，又有心惊胆战，每一天都很忙碌但也很幸福，希望我们一家都能很快、很顺利地度过这个适应期，让宝贝们在关爱和互动中感受手足情！

弟弟第一次游动物园

家庭信息：

父亲年龄：42岁　　职业：设计师

母亲年龄：36岁　　职业：家庭主妇

大宝年龄：4岁　　性别：男　　　　班级：小班

二宝年龄：1岁　　性别：男　　　　班级：未入园

伴随着“哇哇”的啼哭声，我们的二宝来到了这个世界上。出生前爸爸妈妈给二宝取好了乳名叫“二丫”，可没想到成了名副其实的二宝，哥哥的乳名叫“艺宝”，为了兄弟俩的名字有联系，我们便把二宝的乳名改为“尔宝”。弟弟的出生给家里增添了不少欢乐，但也多了一份辛劳，爷爷奶奶也掩盖不住内心的喜悦，从他们的脸上还是能看出老一辈的传统思想，因此累并快乐着！

弟弟的到来给哥哥也增添了无限的乐趣，对哥哥来说，弟弟仿佛是一个有血有肉的活玩具，从平时的表现来看，哥哥还是非常喜欢弟弟的，时常会抱着亲吻弟弟，逗弟弟开心。但是随着时间的推移，我也发现了哥哥的一些忧愁和烦恼。因为弟弟太小，所以家人把过多的精力和时间花在弟弟身上，忽略了艺宝的感受。每当家人呵护尔宝时，艺宝便噘个小嘴躲到一边不过来，起初家人还没有发现，后来从哭声中我们才恍然大悟，艺宝哭着说再也不和弟弟玩了，我们才发觉冷落了他，从此以后我们也非常谨慎地对待两个小家伙，经常会观察老大的言谈举止，这也算兄弟俩成长中的首次情感纷争吧！

从爬行到行走，弟弟也迈入了人生的另一个成长阶段，扶着墙慢慢找行走的平衡感，而贴在墙上的动物贴画吸引了弟弟的眼球，手指指着每个动物，嘴里也不停地说着他自己的语言。于是和哥哥商量，决定找个晴朗的天气带弟弟去动物园看看真正的动物。这一天终于到来了，我们带了些干粮和水便出发了，哥哥虽然不是第一次来动物园但也显露出了很高的热情，而弟弟对动物园当然是没有什么概念的。进入动物园，我们先带他们来到了猴山，也许是齐天大圣的原因，小朋友都喜欢猴子，带的小面包成了艺宝的法宝，全部赐予了猴子，而此时的尔宝也在怀里欢呼雀

跃，兴奋得不亦乐乎，之后又看了长颈鹿、河马、熊等，最激动人心的当然是来到天桥上看老虎、狮子、豹子、狼等烈性动物的时刻，走在玻璃栈道上，就连大人都心跳加速，更别说儿童了，此时艺宝尔宝都紧紧依偎在爸妈的怀抱，用小眼睛看着下面的兽中之王。老大不时地提问：爸爸，老虎会吃人吗？老虎晚上睡哪儿？狼怎么跟狗长得一样呀？我们只能一一解答。再看看尔宝瞪大了小眼睛静静地观望，不时用小指头指着行走的动物，他还不知道老虎的厉害吧。

在走了一路的山路和阶梯后我们的腿也开始罢工了，歇息了片刻就开始慢慢地下山了，沿途看了一些温顺的动物，有鸵鸟、羚羊、斑马、骆驼等食草动物，领略了老虎豹子的风采后，孩子们对这些温顺的动物已经没有了恐惧感和新鲜感，眼看太阳要下山了，我们也在开心快乐、紧张兴奋、疲惫不堪的状态下结束了这次动物园之旅。对艺宝来说，二次复游肯定会对很多动物加深印象，但对于不会言语的尔宝来说，新、奇、怪应该是此次出游的直接感受吧。

新学年开始，让哥哥充满了无限的向往，但同时也增添了很多恐惧，从熟悉的家庭到了陌生的环境，离开了朝夕相处的家人，去和陌生的老师、小朋友一起生活，刚开始的确是很难适应，慢慢地熟悉了班里的小朋友，在老师精心的呵护下终于度过了入园焦虑期，虽然入园时间不长但变化很大，一些不好的行为习惯逐渐在消失，能主动和老师、亲友打招呼，还能帮父母做点力所能及的家务活，作为父母看在眼里，欣慰在心里，在此也感谢老师的辛劳，有你们的悉心照料，我们很放心，真诚地说一声："老师，您辛苦了！"

小小姐妹伴我成长

家庭信息：

父亲年龄：31岁　　　职业：公务员

母亲年龄：30岁　　　职业：公务员

大宝年龄：5.5岁　　　性别：女　　　班级：大班

二宝年龄：2岁　　　性别：女　　　班级：未入园

　　我们家两个宝贝年龄相差3.5岁，在决定要二宝的事情上，我们也是犹豫了很长时间，为了给孩子留下值得珍藏一生的财富——伙伴和亲人，我们最终决定要二宝。在全家人的支持下，我们将二宝迎进了我们的生活。我家二宝是在大宝的期盼中出生的，二宝也就顺利成了姐姐心中的香饽饽，妹妹睡觉，有人大声说话是会被姐姐严词制止的；外面的嘈杂声会令姐姐飞奔过去护着妹妹的耳朵，大宝也会引以为傲地到处"显摆"自己的妹妹，我们都能感受到大宝是发自内心地喜爱这个小家伙，我和先生还为此窃窃自喜。我和先生也是为了照顾大宝的感受，在大宝面前我俩会刻意疏忽对二宝的照顾，将照顾妹妹的主动权交给姐姐。

　　但是随着二宝逐渐长大，主权意识得以建立，美好、和谐的局面也就被打破了。妹妹的争抢、姐姐的醋意使我措手不及。总之，姐妹俩眼里对方的啥都是最好的，自然，每天的争抢就成

了家常便饭。说实话，我们两口子也是疲于应付这样的"争风吃醋"，就给俩孩子定下了一个规矩，她们对自己的物品都有支配权，大宝也没有必要非把自己的东西忍痛割爱让给妹妹玩，但是有一条，姐姐不能让妹妹哭，姐姐可以想任何办法阻止妹妹的"夺爱"，比如，可以用别的东西去转移她的注意力。此法果然效果很好，俩孩子在这种博弈的状态下，竟然也能玩得不亦乐乎，一个有模有样地去哄，另一个愉快地享受被哄，反而被争夺的玩具本身没有了吸引力。

此外，随着二宝语言能力和认知能力的完善，二宝从以前的"忍辱负重"慢慢转变为打小报告，经常状告姐姐，看着二宝委屈的样子，我甚是心疼，教训大宝便成了家常便饭，但是经过我和先生的观察，我们夫妻俩这种"伸张正义"的方式，恰恰助长了二宝在大宝面前的"嚣张气焰"，增加了二宝告状的频率，使得大宝"记恨"妹妹，这样反而激化了两个孩子的矛盾。我们俩在此问题上再次打起了太极，孩子的问题让孩子自己去解决，适当的时候调侃一下这姐妹俩。在这时候，俩孩子会一致对外地抵抗我的"调侃"。

让我最感动的是，无论我什么时候给二宝递吃的，她都会伸出另外一只小手，"妈妈，姐姐没有，给姐姐一个"。拥有二宝是一种幸福，但是在平衡各方的关系、带领孩子一起健康成长的道路上，我们还有很长一段路要走。我们会在前行的道路上更笃定，因为我们有两个小天使。

家有二宝

家庭信息：

父亲年龄：34岁　　职业：设计师

母亲年龄：31岁　　职业：设计师

大宝年龄：5.5岁　　性别：女　　　班级：大班

二宝年龄：3.5岁　　性别：男　　　班级：小班

我家大宝是女儿，今年五岁半，性格活泼，喜欢和男孩子扎堆玩，很少看到女孩该有的文静与矜持。二宝是儿子，三岁半，是个名副其实的暖男，说出的话每每能暖到人心里。回顾大宝二宝的成长经历，作为两个孩子的母亲，我觉得二孩家庭并没有让我的生活手忙脚乱，相反，快乐和幸福远远大于劳累。

俗话说"老大照书养，老二当猪养"。在没有二宝的日子里我对这句话体会不深，直到生了二宝，我才体会了中国某些老话的深层含义。回想起初为人母时候的感觉，还是令人兴奋的。刚刚怀大宝不到一个月的时候，出于工作原因，要到野外采样，路途遥远加之颠簸，一个星期出差回来就觉得不太对劲，去医院检查是先兆性流产，卧床保胎三个月。在这期间各种查资料，收集育儿经，手机下载各种软件，整天就琢磨着怎样才能生一个健康

聪明的宝宝。

对比一下，二宝就没有这个待遇了，在大宝出生整整两年时我怀了二宝。由于当时国家还没有放开二孩政策，但内心深处割舍不了这个小生命，后来正好有"单独二胎"的政策，于是果断地要了二宝。2014年是我单位最忙的一年，整个一年我都处于加班的状态，全然忘记了自己还是个孕妇，直到十二月离预产期还有三个月的时候身体异常，检查有早产的迹象，需住院保胎。现在回想起保胎那段时间，我的内心是相当煎熬。上天还是眷顾我们这些勤奋踏实的年轻人的。我平平安安地生下了一个可爱的宝宝。儿子刚刚出生的时候，姐姐很是兴奋，经常在我们全家人吃饭的时候，要和弟弟独处一会儿，两岁的小人像模像样地照顾弟弟，要给弟弟盖被子，哄弟弟睡觉。

可是渐渐地我发现她有小情绪了，经常会以她独特的方式故意"干坏事"，甚至有时会欺负小不点。奶奶也发现她有自己的小心思了，变得更加黏我了。我才发现原来二宝的出生使全家人的注意力全在弟弟身上，忽略了她也才是一个两岁的孩子，更需要妈妈的爱。在和全家商量了一番后，决定将两个孩子分开，由于弟弟还小，还要吃奶，由爷爷奶奶带姐姐，我自己带弟弟，偶尔让姐弟俩在一起待几天。总体来说，姐姐从小还是很懂事，每每分开时大人和孩子都会有很多的不舍，但大宝的坚强懂事让我这个做母亲的觉得很是亏欠孩子。

渐渐地两个宝宝会在一起玩耍了，弟弟要抢姐姐的玩具，姐姐也会分享自己的好东西，但弟弟小，不会和她一起互动，只会像跟屁虫一样到处捣乱。到姐姐四岁多、弟弟两岁多的时候，两个人的矛盾特别突出，经常会在大人不经意的时候，扭成一团；姐弟俩也会为妈妈抱谁的问题哭闹不已；经常为晚上和妈妈睡觉而争吵斗嘴……很多时候我们不去干涉，只观察他俩"斗争"的过程。时间久了，发现姐姐的很多处理方式更像个大人了，她会去讲道理说服弟弟，弟弟偶尔也会用自己的方式让姐姐屈服。所以我们很注重家庭的教育，有时候大人不经意的一句话，孩子就会学，我们大人之间的为人处世甚至礼貌待人，孩子都会去模仿。为了孩子将来能有良好的道德品质，我们不敢有一丝松懈。

两个宝宝在一起，我们家长最怕的就是他们生病，记得大宝八个月时生病住院，住院十天，我瘦了十五斤，爷爷奶奶天天轮流往医院跑，我和宝爸没日没夜地熬着，就盼着孩子能赶快好起来。现在两个宝宝在一起时常有交叉感染，但经过几年的磨炼，我们现在也基本能分辨出什么病什么症状该用哪种药，所以也就没有新手妈妈的那种恐慌了。

看着两个孩子一天天地变化，我更加坚定了两个宝宝一起成长的益处。两个孩子在一起会更懂得分享，在孩子的世界里他们会分享好吃的，分享喜悦与快乐，分享爸爸妈妈的爱；他们会更加独立，独立地去上学、在学校独立面对各种问题；他们会更加有爱，爱同学，爱老师，爱所有关心他们的人。

家有二宝的幸福时光

家庭信息：

父亲年龄：37岁　　职业：教师

母亲年龄：33岁　　职业：编辑

大宝年龄：5岁　　性别：女　　班级：中班

二宝年龄：2岁　　性别：男　　班级：未入园

　　我叫琪琪，我很幸福，因为妈妈在2017年最后一天的晚上给我生了一个可爱的小弟弟。瞧！我弟弟是不是很可爱啊！作为大姐姐，我要照顾好我可爱的小弟弟。

　　我是爸妈的乖宝贝，我在幼儿园里听老师的话，尽我的一份小力量帮助老师抬抬凳子、擦擦桌子，跟小伙伴们一块儿玩。在家里，我听爸爸妈妈的话，有空了我就帮着爸爸妈妈带小弟弟。瞧，我推着弟弟出来逛街啦！天气暖和的时候，我带着弟弟，跟着爸爸、妈妈去海湖新区唐道商业区的广场玩，让我弟弟多看看唐道的漂亮房子和喷泉。我是好姐姐，所以我有空闲了，还会带弟弟去人民公园玩，我要让弟弟多呼吸外面的新鲜空气，陪着弟弟健康成长。弟弟已经长大了好多，趁着天气暖和，我带弟弟在小区里玩滑梯，瞧！我和弟弟可开心了！

　　姥爷的生日到了，我和弟弟可不能把亲爱的姥爷给忘了。

瞧！我和弟弟约上妈妈、表弟、表姐、表姨娘给姥爷过生日！姥爷可开心了，夸我和弟弟是懂事的好孩子！我是一个爱看书的女孩子，弟弟在家里，在我的熏陶下也跟着我一起看书。您看！我弟弟看书可认真了，有模有样的，长大了，我弟弟一定会成为对社会特别有用的人！

好了，我和弟弟的快乐时光小故事先讲到这里，下期会更精彩哦！

家有二宝之陪伴真好

家庭信息：

父亲年龄：31岁　　　职业：造价师

母亲年龄：33岁　　　职业：医生

大宝年龄：5岁　　　性别：男　　　班级：中班

二宝年龄：2岁　　　性别：女　　　班级：未入园

生二孩，不是因为有钱，也不是因为一定要有个男孩或者女孩，而是在这个充满竞争、充满功利的年代，父母最重要的不是给孩子留下钱和房子，而是给他留下一个亲人……

2016年8月28日，二宝小公主呱呱落地，至此家中凑够一个"好"字。大宝哥哥比妹妹大两岁九个月，大宝作为哥哥，在妹妹出生的第一天就来医院看望妈妈和妹妹。还未进病房就能在楼

道听到稚嫩的声音："奶奶，妹妹在哪儿？"大宝用小手轻轻地抚摩着妹妹的小脸……

转眼两年已过，大宝如今五岁，二宝两岁，两个人成长的日子里有温馨、有快乐，也有混乱。也许是因为大宝一出生就集全家宠爱于一身，做什么事先想到的只会是自己，而妹妹一出生就有哥哥的陪伴，做什么事都会想着哥哥，在这个前提下，可想而知家里时常会有"这是我的"以及哇哇大哭的声音，继而就是我们的"断官司"。因为妹妹小，所以总是以责备哥哥作为"官司"的审判结果，想想这对哥哥也是不公平，毕竟他也很小。

随着兄妹俩的成长，哥哥有了哥哥的模样，妹妹更是离不开哥哥，每每哥哥放学回家，妹妹会第一个跑到门口去迎接哥哥，然后来一个大大的拥抱，此情此景，温暖了全家人……

现在的哥哥慢慢学会也懂得了如何将妹妹当作小伙伴一起玩耍，有时一起上演"枪战片"，有时来一场足球比赛，有时一起变成了水上游戏小能手，到了晚上睡觉的时候还会为妹妹讲睡前故事，真是有模有样。如今的妹妹如同哥哥的小尾巴，紧随其后，乐此不疲。

有时，哥哥凝望妹妹的眼神是那样温暖……

"家有二宝"亲子阅读故事

让阅读点亮手足亲情：培养孩子的阅读习惯是孩子成长道路上必不可少的一门功课，在孩子成长道路上作为父母要做到亲力亲为，以身作则，要有足够的耐心和信心陪伴两个孩子一起成长，同时也感谢老师们的悉心教导，有了你们的孜孜不倦的教诲，我想孩子的明天一定会更加美好。

在一起，才有了分享的快乐

家庭信息：

父亲年龄：32岁　　职业：工程师

母亲年龄：34岁　　职业：工程师

大宝年龄：7岁　　性别：男　　班级：一年级

二宝年龄：4岁　　性别：女　　班级：中班

二孩主题绘本故事：《在一起》

很庆幸孩子们生长在这片沐浴着爱和阳光的土地上，有手足的陪伴，还有老师们对心理健康和家园共育的关心，正如这次老师们对二孩养育研究时，给家长们推荐的适合二孩家庭看的绘本。我和孩子们一起看完这本《在一起》，感触良多，心里充满了爱。

我家大宝二宝相差两岁八个月，而且妹妹是计划内二胎，也就是我们觉得差这么几岁两个孩子会真的成为彼此的玩伴。看到绘本里的一幅画，孩子可能没有太大的感触，我却湿了眼眶。看到这幅图，我心里最柔软的那一块被触动了，这一幕应该就是我生二宝的初衷，也是最希望看到他们兄妹俩在一起的样子。

在二孩教育的路上，我们也在一直学习，从书本中学习，从生活中学习。也是从生活这个好老师中，学习到了一点调节兄妹关系的秘诀：妹妹爱告状，一告状哥哥就生气，但如果告给妈妈，妈妈会从哥哥的角度正面解读给妹妹，这时哥哥在旁边笑，妹妹也不生气了，这个秘诀也是从《正面管教》这本书中得来的道理：孩子的感知能力大于理解能力，需要父母从正面角度给孩子解读，这样他们才会正面理解。

萌哥和多妹年龄差小，所以在平常相处的时间里，通常是吵闹大于和平，但是说句真心话，相爱起来甜得不像话。在有两个孩子之前，我看过一篇文章，说父母能给孩子留下的是什么，答案就是手足，当父母离孩子远去，能互相陪伴并能给予彼此异于旁人的爱的，只能是手足。就像绘本里那句话，就算他/她又吵又闹还脏兮兮的，但我知道，这个世界上，没有人能替代他/她。每次兄妹吵吵闹闹还放狠话："我再也不爱哥哥了，哼！""把妹妹送给别人吧，哼！"但过一会儿又抱在一起玩游戏，彼此又爱得不行。他们也明白，不管怎么闹，没有人能代替哥哥/妹妹在自己心里的位置。

就在今天早晨，我又被兄妹俩感动了一下：哥哥背着书包去上学，妹妹到跟前拉着哥哥的手，说"哥哥我会想你的"，哥哥说"我也会的"，抱在一起说"我爱你"。作为独生子女的妈妈是多么羡慕。我想，"在一起"应该是童年最珍贵的记忆，也是一生最美的时光……

父母的爱是平等的

家庭信息：

父亲年龄：35岁　　职业：公司职员

母亲年龄：37岁　　职业：医生

大宝年龄：6岁　　性别：男　　班级：大班

二宝年龄：1.5岁　　性别：女　　班级：未入园

二孩主题绘本故事：《大宝小宝向前冲》

一年前我们迎来了自己的第二个孩子，从三口之家变成了令人羡慕、儿女双全的四口之家。从怀孕到二宝出生，大宝没有表现出丝毫的排斥情绪，这点让我们大家都很欣慰！

随着妹妹慢慢长大，我能感觉到大宝心里的微妙变化，比如，大宝正在专心致志地看动画片，这时二宝会拿起遥控器无意

识地一阵乱按，结果可想而知，大宝气得冲二宝一阵乱喊，二宝哪能受哥哥这样"欺负"，哇哇大哭起来，这时的我们就像是裁判员，判哪方错都不行。这时的大宝冲着我就说："妈妈，早知道你就别把佳佳生出来！"我坐到大宝身边，问他："妹妹是不是很讨厌？""嗯！"大宝毫不犹豫就回答了我。"那我们把妹妹送给别人吧，小姨家没有妹妹，我们就把佳佳送给小姨好不好？"听到我这样说，大宝转过头看着我，眼睛一眨一眨的，想了一会儿，回答我："不行，这是我的妹妹，是你生出来的，不能送给别人！""那她不是很讨厌吗？"大宝转过头继续看电视，顺便说了一句："你别让她乱换电视频道就行！"接着把遥控器捏在自己手里继续看起了电视，二宝也自顾自玩，一切恢复了平静！

在家庭生活中，作为妈妈我总感觉自己在处理大宝和小宝矛盾的方式上有欠缺。今天和大宝一起阅读了老师分享的《大宝小宝向前冲》，一个温暖的小故事，真实生动地描绘了二孩家庭的生活。在阅读完后，我问大宝，为什么爸爸、妈妈、奶奶告诉大宝，小宝会笑了、会翻身了、会爬了、会吐泡泡了、会走路了，大宝都会说自己也会？大宝告诉我："因为他本来就会啊！"孩子的世界很单纯，他想不到这是大宝内心世界害怕被家人遗忘，为了获得爱，他在努力证明，弟弟可以做的我也能做。看到结尾，小宝跑向大宝，两人抱在一起，妈妈对大宝说了一句：小宝知道你有多爱他！让人很是感动。我告诉大宝：你看大宝和小宝多好啊！他笑了。

在我们全家人一起阅读完《大宝小宝向前冲》这本绘本后，我顺势问大宝："那你觉得妈妈生了妹妹后对你和以前一样吗？"大宝立刻说："不一样！"我继续笑眯眯地问："哪里不一样？"大宝歪着脑袋想了想说："嗯——一样！"说完大宝腼腆地笑了。看来，大宝是接受的，我们做父母的在面对大宝二宝时做得还算称职！我的两个宝贝，爸爸妈妈对你们的爱是平等的，不多一分，不少一毫！愿你们现在、将来都能互帮互爱，手足情深！

我当大姐姐了

家庭信息：

父亲年龄：41岁　　　职业：医务人员

母亲年龄：38岁　　　职业：医务人员

大宝年龄：11岁　　　性别：女　　　　班级：五年级

二宝年龄：4岁　　　 性别：女　　　　班级：小班

二孩主题绘本故事：《我当大姐姐了》

在妹妹快要出生的时候，姐姐便经常问我们："爸爸妈妈，你们爱我吗？"有时候会一天问好多遍，刚开始的时候我们俩觉得很奇怪，小不点儿为什么会这样问？因为我们当然很爱很爱她呀！后来我们猜想：可能是小妹妹快要出生了，作为姐姐的她开始担心有了小妹妹后爸爸妈妈会更爱小妹妹而不爱她了，想到这里，我们心里不禁生出一阵阵对姐姐的怜惜。

　　一直以来在我们的心里，她都是一个无忧无虑的小宝宝，我们也一直希望她这样无忧无虑下去的。可是没想到妹妹还没出生，她那敏感的小心灵便已经感觉到自己再也不是爸爸妈妈唯一的心肝宝贝了，即将出生的妹妹让小小的她变得如此多愁善感。所以当时我就在心里暗暗下定决心一定要在以后的日子里对姐姐加倍关心，不能让她失望、伤心、难过。可是现实和理想总是有很大的差别，当妹妹出生以后，我们虽然尽量会对两个孩子同样照顾、爱护。但因为妹妹小，所以作为妈妈还是将大部分精力都用在照顾小妹妹身上，这样难免会让姐姐有失落的感觉。

　　随着妹妹的不断长大，姐妹俩经常会为谁拉着妈妈的手、妈妈陪伴谁而争执不下。小妹妹总是很霸道又顽固。觉得爸爸妈妈是她一个人的爸爸妈妈，不让姐姐拉妈妈的手，也不让妈妈抱姐姐。姐姐也会时常跟妹妹发脾气，甚至偶尔打妹妹，常说妹妹不好，不要妹妹了，而妹妹也经常会说姐姐不是她的好朋友，不和姐姐玩。无论我们怎么磨破嘴皮跟姐姐说，要爱妹妹、亲妹妹，还是不见效。实在没辙的时候，我们会尽量把她俩隔离一会儿，不让她们一起玩。可是不一会儿两个人又会到一起不停地吵架，在我看来真是两个小冤家。虽然作为家长的我们一直在为怎样平衡两个孩子之间的关系、怎样让她们感到爸爸妈妈无论什么时候都是一样爱她们而努力时，却屡屡因为年龄的差距，一直没有找到理想的解决方法，姐妹俩的争执依然如故。

　　直到有一天，幼儿园的老师将绘本送到我的手上，初看到书名，以及封面上姐姐亲昵地看着小弟弟的画面我便被熟悉的亲切感包围了。这本书的作者是美国的安妮特·谢尔登，绘图者是凯伦·麦泽尔。故事中小主人公凯特惬意地坐在爸爸和怀孕的妈妈中间，一脸"爸爸妈妈是我的"的幸福样子。地上散落的书、玩具，还有藏在沙发椅下的布艺积木一下子就抓住了我的兴趣，扑面而来的生活气息从一幅画中就感受到了。

接下来，二孩家庭中让人烦恼头疼也让人心疼的画面来了。凯特一副典型的"姐姐脸"，嫌弃忌妒地展示了一个姐姐面对当爱变成了二分之一时的心痛。感受一下这张嫌弃脸吧，宝宝不开心。接下来，你就走进了凯特的心了，安妮特从凯特的视角告诉你，这一切的源头，是因为她不再是唯一的宝宝。现在的宝宝是她的弟弟丹尼尔。她感觉爸爸、妈妈和奶奶都把她忘了。她的日常从有求必应到要学会耐心等待，你能感受到她的挣扎和忍耐，虽然等待的滋味并不好受。但当她自己能把牛奶倒在麦片上时，她感觉自己长大了。她虽然不喜欢等待，却喜欢长大的感觉。她渐渐学会了等待，并且在这个过程中开始参与照顾弟弟。当弟弟哭闹时，她会笨拙地帮妈妈拿毯子，给弟弟摇他的玩具熊哄他，当弟弟终于睡了，她也跟妈妈一起蹑手蹑脚地守护这难得的安静。她的参与，让她在收获妈妈赞扬的同时，也收获了成长的成就感，她跟爸爸有了更亲密的互动，也能在妈妈不在家时泰然处之。当奶奶再次打电话，她不再纠结她还是不是那个唯一的宝宝，而是很开心她被称为"大孩子"。她慢慢接受一个比她还小的宝宝，也渐渐沉浸在长大的喜悦中，因为她已经是可以帮忙的大姐姐。姐姐这个新的身份，让她再次感受到家的温暖、安全与宠爱。

凯特的成长，温馨而幽默，这部分是我的最爱。因为它告诉我们一家人，拥有一个妹妹，并不是抢夺了原本属于她的爱，

而是让她从被爱开始学会如何去爱人。如何去爱人是一种能力更是一种幸福。引导姐姐如何去爱妹妹，让姐姐会因爱人而成为她的骄傲。安妮特给我们提供了一个很好的角度和方向。让我对生活中碰到的难题似乎有了豁然开朗、如梦初醒的感觉。原来小妹妹并不是来抢爸爸妈妈对姐姐的爱的。爸爸妈妈爱每一个孩子，因为每个孩子都是特别的。小妹妹的到来是为了让姐姐在体会被爱的同时也有机会体验爱别人。我们每个人都需要学会耐心和分享，我们要在爱与被爱之间养育心灵健康的孩子。

爱是什么

家庭信息：

父亲年龄：33岁　　职业：公司职员

母亲年龄：34岁　　职业：公司职员

大宝年龄：7岁　　性别：女　　班级：一年级

二宝年龄：4岁　　性别：女　　班级：小班

二孩主题绘本故事：《爱是什么》

读书是一件欢乐的事情，和孩子共读一本书，我们收获的不仅仅是知识，还有一个共同的温馨话题。阅读又是一种很好的学习途径，亲子共读有助于加强我们家庭成员之间的沟通，对帮助父母与孩子建立积极向上的亲子关系起到有力的促进作用，能使孩子从阅读中得到乐趣、增加知识。于是，我们的亲子阅读之路就开始了！

从我家大宝上幼儿园大班时，幼儿园就开展了"亲子共读"活动，我每天在固定时间和孩子一起阅读，使之成为习惯。亲子阅读第n天，我们阅读了幼儿园老师推荐的绘本《爱是什么》。当我拿出这本绘本书，两个孩子的问题就来了！指着书问："妈妈，我们今天读的是什么书？"我说："《爱是什么》。"小宝就问我："妈妈你爱我吗？"我说："爱呀！很爱很爱你！"小宝又问："那你爱姐姐吗？"我笑着说："我很爱你们，你们是我最爱的宝贝！"听完我的回答，姐妹俩抱到一起呵呵地笑着……我说："宝贝们我们开始讲故事了！讲完宝贝们就洗漱睡觉了。"讲完后我又仔细地看了一遍，觉得故事里的托斯特和我家大宝倒是很像，她担心爸爸妈妈有了新宝宝，她就会被遗忘。那时候姐姐常会问我们："新宝宝是弟弟还是妹妹？"当时她还很期待新宝宝的到来。可二宝真的来到后，她开始担忧会失去爸爸妈妈的爱，还特别想表现自己是有优点的，并让爸爸妈妈喜欢她。可是我们当时忽略了她的很多想法和感受。我自己想想：爱是什么？爱就是当你想到一个人，你会希望她幸福快乐，你会想永远陪伴她；当她开心时，你会比她还要开心；当她不开心的时候，你会恨不得替她挡掉所有的痛与难。

在生活中喜怒哀乐是常有的事，我们必须去正面面对，勇敢地面对生活，还要对未来充满希望和正能量。

妈妈，我喜欢小妹妹

家庭信息：

父亲年龄：34岁　　职业：国企职员

母亲年龄：32岁　　职业：教师

大宝年龄：5岁　　性别：女　　班级：中班

二宝年龄：2岁　　性别：男　　班级：未入园

二孩主题绘本故事：《妈妈的魔法肚子》《我会有个弟弟吗？》

　　一直想记录两个孩子的成长过程，尤其是记录我怀二宝开始大宝的各种反应，以及二宝稍稍长大后两人的互动，可是因为各种原因，迟迟未动笔，只是在二宝出生前零星写过几篇关于大宝成长故事的内容。上周五参加幼儿园召开的二宝家庭课题组会议，老师推荐了一系列优秀亲子阅读绘本，我借阅了《妈妈的魔法肚子》和《我会有个弟弟吗？》，我想借此机会重温两个孩子的故事，并且想弥补一下怀二宝至出生这段时间对大宝和弟弟之间亲子关系教育的缺失。

　　我想对大宝来说，她真正感受到她要有个弟弟或妹妹，可能是在我肚子变大以至不能抱她的时候。因为在这之前，我所有的爱和关怀都是给她的，可是随着我的肚子变大，为了防止压到二宝，我就再也没有抱过她，直至她上幼儿园。当我看到很多孩子都让家长抱着上学的时候，再看看牵着我的手自己走路的大宝，我因为她的懂事而感觉欣慰，但同时又觉得对她有点亏欠。她本处在像别的小朋友一样撒娇的年纪，却因为有了弟弟而变得懂事稳重，我主动提出抱她，她都拒绝，说自己走就行。她就像阿布一样，观察着我的肚子一天天变大，有时候会很体贴地问我："妈妈你难不难受？"说要亲亲宝宝，然后会亲亲我的肚子，然后问我："妈妈，宝宝到底什么时候出来啊？她出来我就能和她玩了。"我想，也许，大宝像书中的阿布一样仔细观察了我整个怀孕过程的细节，但因那时的她才三岁，没能很好地表达出来。

记得有次我去医院产检，负责给我做B超的大夫问大宝："你觉得妈妈肚子里的宝宝是小妹妹还是小弟弟？"大宝不假思索地就说"是小妹妹"。因为老人们有一种说法，说小孩子说的话很灵验，作为一名现代知识分子，我本不该受这种愚昧思想的影响，但可能是因为自己心里太想要个男孩，所以我当时心里有点儿不好受，虽然嘴上说生男生女都一样，但是心底其实还是希望二宝能是个男孩，这样我就能儿女双全了。回家后我又问大宝："你喜欢小妹妹还是小弟弟？"大宝说："我喜欢小妹妹！"我问她："为什么喜欢小妹妹？"她说："小妹妹不会欺负我，她会和我一起玩。"我说："那小弟弟也可以陪你一起玩啊。"大宝嘟着嘴说："不，我就要小妹妹。"

读着《我会有个弟弟吗？》，我在想，可能大宝当时的心态跟绘本主人公一样，希望妈妈能生一个跟她一样的小妹妹吧。绘本很细致地描绘了爱德华希望妈妈肚子里的宝宝是个小弟弟而表现出的心理和行动，虽然最后妈妈生的是小妹妹，但他还是欣然

接受，这和我们家的情况就有点儿不一样了。记得我生完二宝，大宝来产房看我的那一刻，她虽然亲了小弟弟，但我没有看出她很开心，而且因为剖宫产我躺着抱二宝喂奶的时候，她非要躺在我的另一侧，一定要我抱着她，我想这时的她可能觉得弟弟出生后有人要分享妈妈对她的爱了，她产生了不安，同时她的小小嫉妒心也在作祟了。家里人怕她老这样闹会影响我休息，接下来的几天就减少了带她来医院的时间。

　　我出院后去娘家坐月子，记得两三天后爸爸带她来看我，她看到我抱着宝宝喂奶的那一刻突然哭起来，哭得特别伤心，而且非要我抱着她，正在我要抱着她的时候二宝也因为到了吃奶的时间而哭闹不止，家里人怎样劝说都没用，大宝就是不肯从我怀里下来，当时我看着她哭的样子心里也特别难受，因为我能体谅她那个时候的心情，所以自己也哭起来，但我知道哭是解决不了问题的，我就保持耐心对她说："妈妈知道你哭是因为你觉得可能生了小弟弟妈妈就不爱你了，其实不是这样的，不管弟弟有没有出生，你永远是妈妈最爱的小公主。现在你多了一个弟弟，你应该开心才对，因为他小时候会一直陪伴你，长大了会和爸爸妈妈一起来疼爱你、照顾你，你应该开心才对是不是？你看小弟弟因为饿了哭得多难过啊，你坐在妈妈旁边玩，妈妈给小弟弟喂奶还不好？"大宝看了看哭得特别厉害的二宝，终于肯从我怀里下来了。接下来的几天我都会让她抱抱小弟弟，观察小弟弟的一举一动，她开始慢慢接受我给二宝喂奶，甚至我记得在我月子快结束的时候，她看到弟弟哭就会叫我说："妈妈，小弟弟肚子饿，你赶紧给他喂奶。"这时的她算初步接受她有小弟弟的事实了。另外，有了小弟弟，大宝最重要的一个变化就是主动提出不再用奶瓶了，之前为了让她断奶瓶，我们想了很多办法都没有成功，我生完二宝第一天她从医院回去后，就自己提出来以后不用奶瓶了，而且真的没再用过。我想，也许这是大宝成长的标志吧，她觉得有了弟弟，自己就是姐姐了，不能再用奶瓶了。

可是，她想要个小妹妹的念头一直存在并持续了很久。在我生完二宝以后，大宝的姨妈生了一个可爱的公主，大宝非常喜欢她，而且令我惊讶的是她对我说："妈妈，我们跟姨妈换一下，把小弟弟给姨妈，我们抱小妹妹回家好不好？"此后，每次见小表妹大宝都会这么说，我问她为什么，她会说："看小妹妹更可爱，我喜欢小妹妹。"这时，我都会耐心地告诉她小弟弟也很好，小弟弟不会欺负你，会陪你玩，还会照顾你。她要小妹妹的念头貌似一直都在。记得我生完二宝差不多一年的时候，大宝对我说："妈妈，你再生一个宝宝呗，给我生个小妹妹。"就这样直到她上中班，她不再说想要小妹妹了，而且每次爷爷奶奶带二宝回老家后她都会莫名地哭起来，说想弟弟了，我想，她终于从心里接受弟弟了。

大姐姐成长记

家庭信息：

父亲年龄：32岁　　职业：工程师

母亲年龄：31岁　　职业：医生

大宝年龄：4岁　　　性别：女　　　班级：小班

二宝年龄：2岁　　　性别：女　　　班级：未入园

二孩主题绘本故事：《我是大姐姐》

　　在幼儿园老师的推荐下，和女儿们一起看了这本《我是大姐姐》的绘本，以前的很多趣事一一浮现在了我的眼前……

　　第一个得知我们的家庭又迎来了新生命的，是大宝一一。

　　有一天，和我做游戏的一一忽然指着我的肚子说："妹妹！"不久后，我们真的从医院得知，我的肚子里又有了一个小家伙。那时候，一一才一岁多一点，只知道"妹妹"这个名词，却根本不知道，做一个姐姐究竟意味着什么。虽然一一是第一个感知到妹妹的人，但在之后好像意识到了一点"威胁"，对我肚子里的小人儿总有些抵触。直到小表弟来家里玩，一一忽然有了姐姐的责任感，对我隆起的肚子一下子好感倍增，每天都要亲亲妹妹。

　　为了一一能更好地接受新成员，我买了两本绘本给姐姐做心理建设：《一点点儿》和《我当大姐姐了》。绘本里的小宝贝柔软又可爱，姐姐喜欢极了，每次都会缠着我，想要听听绘本里的小朋友发生了什么好玩儿的故事，每次也都会被故事中古灵精怪的姐姐和可爱的小宝宝逗得咯咯笑。也是从看了这些绘本以后，她就自称大姐姐到现在。她一直都期待着真正做大姐姐的时刻。

　　妹妹如期而至，有了妹妹的生活，和绘本里很像又好像不太像。一一喜欢那个小小的需要保护的妹妹，却不太喜欢分享妈妈的感觉。好在还有那本《我当大姐姐了》，每次等妹妹睡着，我们就会翻出这本书，看看书里的姐姐为了吸引妈妈的注意，做了哪些让人啼笑皆非的事情，然后相视而笑。——更爱妹妹了！想要抱抱妹妹、陪妹妹趴着、和妹妹一起听妈妈讲绘本、教妹妹怎么爬、喂妹妹吃辅食……她越来越像大姐姐了。

今天，我们又一起读了《我是大姐姐》，还多了一位也爱上绘本的妹妹。我们一起看姐姐如何疼爱妹妹、妹妹如何需要姐姐，就好像是在看我们昨天的生活。书里的很多场景，也发生在我们身上啊！每次看这本书的时候，她们都笑得很开心，她们会看着看着，抱抱对方、亲亲对方。而我也会从一天的浮躁中静下来，看着姐姐，为她在很小的时候就做了很出色的姐姐而骄傲。

如果说《我当大姐姐了》是在孕期为我们全家准备的预习功课，那《我是大姐姐》无疑就是我们最好的练习册：为我们温故知新，告诉我们，曾经的大姐姐做得很好，以后的日子里，还需要我们更多的爱护和指引，她才能更好地向前冲。她是我们最棒的大姐姐，也是我们永远的宝贝。

共读亲子绘本让手足更有爱

家庭信息：

父亲年龄：31岁　　职业：工程师

母亲年龄：32岁　　职业：公司职员

大宝年龄：5岁　　　性别：男　　　班级：中班

二宝年龄：1岁　　　性别：男　　　班级：未入园

二孩主题绘本故事：《家有二宝》

　　自我家有了二宝以后，家庭教育就面临着新的挑战。为了更好更顺利地进行两个孩子的培养和教育，使两个孩子建立更和谐亲密的手足之情，幼儿园课题组开展了"'全面二孩'政策背景下，家园共育合作指导策略的研究"活动，帮助我们有针对性地进行二孩家庭的教育指导，从而提升家长的二孩教育水平。

　　幼儿园为掌握二孩家庭的结构及家长在养育过程中关心的问题，摸清二孩教育现状，帮助家长指出存在的问题，寻求解决方法，特别推荐了在二孩时代，适合爸爸妈妈和大宝小宝一起阅读的亲子绘本。当家里迎来新的小宝宝时，年长的孩子们就需要一些额外指导，这能帮助他们适应自己的新角色。

　　我家大宝就是这样一个角色，他跟我们一样激动地迎接家里的新成员，从此他就是大哥哥了，也知道以后他就不再孤单了。他期待着和弟弟一起玩车、踢球、做游戏。正如他所愿，四岁时，他有了自己的小弟弟，所以更加开心，因为男孩之间会有共同的喜好和话题。可是，他发现这个肉乎乎的小宝宝还不会走路、不会说话、不会玩玩具，他似乎只喜欢睡觉、喝奶、喜欢安静温暖的地方，但是，他也很想像妈妈一样抱抱弟弟，照顾弟弟，给弟弟唱儿歌，帮弟弟取尿布等。他经常问我："妈妈，弟弟什么时候能和我一起玩？"慢慢地，大宝觉得弟弟很没意思，他有点小失望，但他还是很喜欢弟弟，时不时去逗逗弟弟，还喜欢闻弟弟身上的味道，他也经常会要求我们"把弟弟抱过来，我要跟他玩一会儿"。其实他只要觉得弟弟在他身边他就开心了吧。弟弟也慢慢长大了，现在一岁多，两个宝宝很亲密，也很喜爱对方。

当然，他们也会有很多让我苦恼的地方，大宝虽说喜爱弟弟，但也常常掌握不好轻重，当他不知道怎么去和弟弟相处或玩耍而伤到弟弟被责备的时候，无辜的表情又让我们有一丝丝的愧疚。当他忌妒和生气的时候，我们还需要选择合适的方式去跟他沟通，需要更加努力地去理解他，照顾他的情绪，还要经常刻意去表扬他那些好的行为。比如，经常说"哥哥真厉害，弟弟以后要向哥哥学习哦""哥哥好有爱，对弟弟这么好，可真棒啊！""谢谢哥哥帮我们拿尿布，真是妈妈的小帮手！"等类似这样的话。哥哥是一个心思细腻且敏感的孩子，有时，他会默默地观察爸爸妈妈是怎样对小宝宝的，又是怎样对他的，会突然问我："妈妈，为什么你对弟弟总是笑嘻嘻，对我就这么凶？""为什么弟弟犯了错，你就只说他一句，我犯了错，你就一直说我？"哥哥的问题时常让我无言以对，并感到惊异。原来，孩子的感受和认知竟在我们父母的一言一行、一举一动中。我会常常拥抱他，耐心地向他解释，小宝宝和大宝宝是有着不同的需要和限制的，年龄阶段不一样，爸爸妈妈对你们的约束和要求也是不一样的。

总之，不论我们说了多少，孩子是不一定能完全接受和理解的，尽管他表面上是愿意理解的，但真正让他平静的是妈妈的一个拥抱、一个亲吻。因此，一直以来，我会更加关注大宝的内心，陪伴大宝更多一些，家里人也误认为我是偏心老大的。我只是要让大宝明白，无论家里多了一个弟弟还是妹妹，爸爸妈妈都

会一如既往地去关爱他，要让他明白，他是特别的，是这个世界上独一无二的。

绘本读到最后，我们也给大宝看了他小时候的照片和视频，和他一起回忆了很多他小时候的事情，他也会觉得很甜蜜、很幸福，觉得爸爸妈妈还是很爱他的，最终也满足地笑了。相信他会从这些绘本里慢慢体会到手足的幸福与欢乐，能感受到当哥哥的责任与担当，也希望我们家的这个大哥哥，能很快进入自己哥哥的角色，真正懂得如何去照顾弟弟，如何更好地和弟弟相处，在他们的成长中建立起爱的牵挂。

向日葵笑了

家庭信息：

父亲年龄：33岁　　职业：公司职员

母亲年龄：34岁　　职业：公司职员

大宝年龄：5岁　　性别：男　　班级：大班

二宝年龄：4岁　　性别：女　　班级：小班

二孩主题绘本故事：《向日葵笑了》

初拿这本绘本，大体翻了下，觉得很普通，家里两个小朋友天天在上演类似的场景。但老师说这本书会教我们如何处理孩子吵架的问题，后来又认真地阅读了一下，从播种到向日葵的成长，到妈妈和爷爷因地制宜处理孩子矛盾的方法，都给我很好的启发。这本书，真的是一本非常好的绘本。绘本大师精心创作的画面生动，充满童真童趣，从画面到内容给我讲述了一个暖心的故事——爱的教育故事。

一直在思索这本简单的绘本如何传递爱的教育？在一幅幅简单的图片和一段段简单的文字中，生动地表现了哥哥和妹妹那种固执又可爱的样子。通过两人由吵吵闹闹的开始，向日葵的散乱播种，两人各自干活，再到给向日葵种子浇水，两人由吵闹到初次合作，后面又步步紧扣到给向日葵除草，两人出现竞争，结果妹妹由衷地赞美哥哥，再到后面给向日葵架竿时两人和妈妈合作，让向日葵更好地成长。最后两人一起分享开花的喜悦，并变得更要好了。绘本从兄妹历经自私—合作—友爱—分享，一步步给我们传递分享、互助友爱精神，帮助小朋友懂得爱、学会爱，包括爱家人和爱自然，让孩子们手牵手在爱的沐浴中快乐成长。

昨晚给家里的两个小朋友讲述这个绘本，开始时妹妹和哥哥也抢绘本，我跟他们说等我讲完这个故事，谁能给我讲下这个故事说了什么，谁说得多，谁说得好，家里的绘本书就由这个人保管一周。两个人积极性都很高，很认真地听我阅读。

读完之后两个人又抢着说，我决定还是从小的开始。妹妹说："讲了妹妹和哥哥吵架，种向日葵，最后向日葵长大了，他们又和好了的故事。"哥哥说："我跟妹妹说的一样的事情，但我知道向日葵是从小种子埋到土里，再发小芽，最后开花长大，最后还会结出葵花籽。"我又问："向日葵是由一个人照顾的吗？"两个人又抢着说："不是，是哥哥和妹妹一起照顾的。"

我又问："那浇水、除草、架竿一个人能完成吗？"哥哥说："是两个人互相帮忙完成的，一个人没法提水壶，没法架竿。"妹妹说："除草也要两个人，要不然哥哥做不完。"我又问："那我们从中学会什么了呢？"哥哥说："要团结，要一起做事，要分享。"妹妹说："那我以后的玩具，也要给哥哥分享，因为哥哥还帮我挤牙膏。"最后我又问："那我们的绘本，这周谁来保管呢？"两个人抢着说："一起保管。"

我对这次绘本的阅读效果很满意，谢谢老师的推荐。

让阅读点亮手足亲情

家庭信息：

父亲年龄：42岁　　职业：设计师

母亲年龄：36岁　　职业：家庭主妇

大宝年龄：5岁　　性别：男　　　班级：中班

二宝年龄：2岁　　性别：男　　　班级：未入园

二孩主题绘本故事：《艾莫有了个小弟弟》

亲子阅读越来越被更多的家长关注，可怎样才能培养孩子良好的阅读习惯呢？首先得从家长自身做起，家庭中要创造一个良好的阅读氛围，作为监护人首先要做到爱看书、爱读书，并以此来潜移默化地影响孩子。在给孩子讲绘本时才发现孩子身上有很多的闪光点，值得我们去反思和学习。陪孩子阅读是父母与孩子间积极的对话，一是培养了亲子间的关系，二是可以让孩子慢慢地喜欢上阅读，不管再忙也要做到每天抽出一点时间陪孩子读书。这两天陪孩子读《艾莫有了个小弟弟》这本绘本，对爱与被爱的感悟很深，在让孩子感到幸福的同时，也让孩子感受到爸爸妈妈对他们的爱是同等的。

一开始，艾莫从生下来就是独生子，他有属于自己的房间、玩具等，他可以自由地摆放也没人打搅，还有爸爸妈妈给的所有爱，他感到很自豪。当然爸爸妈妈也觉得艾莫是很聪明可爱，孩子内心很开心。在爸爸妈妈的细心呵护下艾莫快乐地成长着，感受到了父母对他的浓浓爱意，可是后来随着妈妈的肚子一天天地变大，妈妈又给艾莫生了一个小弟弟，取名艾伯特，弟弟的到来给父母增添了更多的欢乐，可艾莫的心中有了不同的想法，他认为弟弟的到来打乱了他的生活，是来捣乱的，这个小不点儿就应该从哪儿来回哪儿去。

随着时间的推移，艾伯特也慢慢长大了，也懂事了许多，哥哥无论干什么他也想掺和，可哥哥内心是不愿意让小不点儿跟着他的，但又甩不掉。就这样日子一天天地过着，直到有一天夜里艾莫做了一个噩梦，被吓醒了，他特别害怕，被惊醒了的弟弟却一把抱住了哥哥，艾莫顿时感觉到了温暖，感觉到了弟弟的重要性，心想有弟弟陪在身边可真好。从此以后艾莫从心底里接受了弟弟，每天和他开心快乐地玩耍，一起生活。

故事虽然很简短，但也反映出了现实家庭中二宝的出生对大宝心理造成的一些影响，父母对每个孩子的爱都是无私的，可孩子却不这么认为，他们小小的心中希望父母的爱是自私

的，是对自己毫无保留的，不允许任何人的剥夺。只有父母多观察多引导，在恰当的时间给予老大更多的关爱，才能让他慢慢接受和平衡内心的恐惧和不满。现实中我们家庭就出现过类似的情况，当时因为二宝很小，所以父母更多地给予了关爱，却忽略了老大的感受。他在我们不知情的情况下独自跑到卧室哭泣，经过询问才知道他感觉被忽视了、冷漠了，心里产生了忌妒。事情发生后也给我们做父母的提了个醒，从此以后我们也小心了很多，会更多地关注和关爱大宝，让他明白父母都是很爱他们的。

我们都知道早期教育对孩子的重要性，早期教育是在家长的帮助下使孩子快乐认知，在家长和孩子之间建立良好的亲子关系，阅读无疑是最好的方法了。孩子在小的时候，并不能称之为阅读，而是用耳朵静静地听，睁大眼睛仔细地观察，为什么妈妈能把一页一页漂亮的图画讲成那么动听的故事，带着这样的疑问，孩子慢慢长大到可以自己主动阅读的阶段。孩子五岁多了，他的图书摆满书架，面对花花绿绿的图书，他有时也很迷茫。他们只能观看漂亮的封面和里面的插画，却不能完整地了解绘本的内容，这就需要家长花更多时间陪孩子阅读，长此以往，孩子慢慢地就会喜欢上阅读，而且其专注力能得到培养。我在家中也给孩子买了很多的识字卡片，每天教他认识两三个汉字，日积月累他就会认识很多的字，这样能为他今后的阅读打下良好的基础。通过读书可以让孩子在与兄弟相处时学会谦让和分享，也能培养孩子的观察力和记忆力，增强孩子的语言表达能力和对文字的理解能力。读绘本的孩子会变得更富有想象力。

培养孩子的阅读习惯是孩子成长道路上必不可少的一门功

课，但在孩子成长道路上还有很多需要培养的习惯，作为父母要做到亲力亲为，以身作则，要有足够的耐心和信心陪孩子一起成长，同时感谢老师们的悉心教导，有了你们孜孜不倦的教诲，我想，孩子的明天一定会更加美好。

下　篇

"家有二宝"阅读推荐

《妈妈肚子里有座房子》

序号：01

类别：备孕篇

书名：《妈妈肚子里有座房子》

文 / ﹝英﹞吉尔斯·安德烈

图 / ﹝英﹞瓦尼萨·凯班

译 / 徐廷廷

出版社：黑龙江美术出版社

推荐理由：由吉尔斯·安德烈著、瓦尼萨·凯班绘的《妈妈肚子里有座房子》是一本适合备孕二胎家庭的绘本，透过充满爱的旋律、富含诗意的文字，表达了一个等待着妹妹或弟弟出生的小孩子的心境。小孩子看到了一个其乐融融的备孕家庭——有爸爸坚实的陪伴、妈妈辛苦的日常、小孩子小大人似的举动……整个故事读下来心里满是暖暖的爱意。

故事简介：妈妈怀孕了，小男孩充满了好奇。大人们说，妈妈肚子里有个温暖的小房子，弟弟和妹妹就住在里面。随着肚子里的宝宝一天天长大，妈妈也越来越辛苦，小男孩看在眼里，记在心上，他慢慢学会了与妈妈肚子里面的小宝宝沟通，还希望房子有扇窗户能让他看看，童言童语充满了纯真，让人忍俊不禁。这本绘本很好地展现了一个孩子由孕育到出生的过程，可以解答孩子想知道自己是从哪里来的疑问。胎儿、母亲的子宫、羊水、B超、脐带……这些和孕育相关的过程复杂而奇妙。绘本用房子作比喻，形象又生动。精美的画面和朗朗上口的文字，简单而又直抵孩子内心。妈妈的"小房子"经过十个月而慢慢"长大"很不容易，小宝宝一天天长大，肚子也一天天变大，妈妈常常感到不适和劳累。懂事的大宝感受到妈妈的辛苦，又佩服又心疼，会想要更好地照顾妈妈，萌发对妈妈的感恩之心。

亲子阅读指导建议：当家里有了新宝宝后，爸爸妈妈充满了喜悦，但一定要顾及大宝的心情。要让大宝学会接受二宝，是父母的一大困扰。及时引导孩子和妈妈肚子里的小宝宝早早交流，培养大宝的哥哥或姐姐意识，这样可以让大宝更早适应家庭新成员的降临。

《妈妈的魔法肚子》

序号：02

类别：备孕篇

书名：《妈妈的魔法肚子》

文／卢姗

图／黄郁雯

出版社：长江少年儿童出版社

推荐理由：妈妈怀了二宝，爸爸是用什么方式告诉大宝的呢？大宝还记得自己在妈妈肚子里发生的事情吗？知道在自己出生之前家里人都在做什么吗？《妈妈的魔法肚子》就告诉了宝宝们这些有趣又非常有爱的故事。这是一本给一胎家庭惊喜、给二胎家庭温暖的充满创意想象的绘本。满足所有孩子对妈妈肚子的天然好奇心，同时也引导二孩家庭关注和呵护家中大宝的心理体验。

故事简介：晚上睡觉前，爸爸悄悄地告诉阿布他马上就要当哥哥了，而小宝宝就在妈妈的魔法肚子里。阿布对魔法肚子充满了好奇，他决定当一名小小观察员，每天都观察妈妈的变化。随着时间推移，他发现肚子里的小宝宝带来的变化越来越多，惊喜也越来越多了，他开始期待与宝宝见面的那一天。

爸爸、妈妈和阿布，都在为迎接家里的新生命而忙碌着，那么肚子里的宝宝能感受到一家人对他（她）的爱吗？肚子里的宝宝又在做什么呢？肚子里的宝宝，当然也能感受到爸爸、妈妈和阿布的爱。这本绘本用富有想象力的画面展现了妈妈肚子里宝宝的生活。例如，妈妈吃了难吃的鱼，肚子里的宝宝就撑起"伞"挡着；肚子里的宝宝也会关心阿布的生活；阿布看到妈妈的魔法肚子会动，就幻想着是不是宝宝在肚子里翱翔、踢足球或者打拳击；肚子里的宝宝还会跟着爸爸、阿布和妈妈一起跳各种舞蹈；阿布给妈妈洗了一个苹果，就想着肚子里的宝宝是不是在里面种了一棵苹果树；阿布递给妈妈一杯水喝，就想着是不是妈妈的肚子里变成了海洋，肚子里的宝宝是不是在划船钓鱼……

故事从真实的孩子的视角出发，充满不拘一格的想象和惊喜好玩的创意。图画中的阿布肚子里的牛奶、墙上的涂鸦、妈妈脸上的黄瓜片、鱼缸里做瑜伽的鱼，都令人忍俊不禁。这本充满创意的绘本让孩子体会到妈妈十月怀胎的辛苦，并对妈妈抱有一颗感恩的心，让孩子在阅读体验中明白每一个生命的背后都有爱的付出，让我们珍惜生命，学会感恩。

亲子阅读指导建议：当打开书，扉页上有句题赠，分别是这本书的文字作者和绘画作者所书："献给我的搞笑一家人""献给很爱我的一家人"。相信从这题赠中每一对父母都会感受到，这是一本充满爱和欢乐的绘本。故事的开篇，一家三口准备睡觉，阿布躺在爸爸妈妈中间，爸爸告诉阿布一个秘密——"妈妈

的肚子有魔法"！就因为这一句话，揭开了这个魔法的故事。我想，妈妈的肚子可以孕育宝宝固然是很神奇的魔法，然而由这个魔法而衍生出的这一家人浓浓的爱，则是最神奇的魔法了！这本绘本的画风是充满童趣的、别致的涂鸦风，小孩子看这本绘本，会忍不住自己也拿起画笔画起来。每一幅图画都妙趣横生，让孩子们看起来倍感亲切，大人们看起来忍俊不禁，整本书从头到尾都充满了童真童趣。爸爸们，让我们一起拿起这本有趣的绘本，跟宝宝们一起读一读、画一画《妈妈的魔法肚子》吧！

《我会有个弟弟吗？》

序号：03

类别：备孕篇

书名：《我会有个弟弟吗？》

文／[美]伊夫·邦廷

图／[美]贝思·斯皮格尔

译／施敏

出版社：南京师范大学出版社

推荐理由：绘本《我会有个弟弟吗？》是美国"凯迪克大奖""金风筝奖"得主伊夫·邦廷（即伊芙·邦廷）的最新佳作。为孩子量身定做的温情故事，细心呵护敏感的童心。贴近儿童生活，符合儿童心理，让孩子学会心存期待，体会爱的真义。绘本故事幽默风趣，充满童真，符合孩子心理，也道出了爱的真谛。

故事简介：爱德华的妈妈怀孕了，爱德华很兴奋，他希望那是个男孩并给他起了个名字叫"詹姆斯"。心存期待是一件幸福的事情，可并不是所有期待的过程都充满喜悦。起初，爱德华对

快要降临的小宝宝充满好奇，这越积越多的好奇促使他躲在沙发后面偷偷研究妈妈高高隆起的肚子，促使他在玩得高兴的时候忍不住停下来仔细打量隔着肚皮的小宝宝。这时候爱德华对小宝宝的期待极其简单，充满探寻的新奇和等待的喜悦。和自己一样的小弟弟，就是一个能和自己一起玩手推车和木头火车的伴儿呀。

后来，随着妈妈生产的日子一天天临近，大人们把注意力和热情自然而然地放在马上要出生的小宝宝身上，织毛衣啦，送各种各样的礼物啦，准备各种东西啦……大人们越是忙得热闹、谈得开心，爱德华内心的失落感就聚积得越多，于是他对小宝宝的期待开始变得执拗：一定要是小弟弟，一定要叫詹姆斯。他的所有喜爱的玩具都只是为那个叫詹姆斯的小弟弟准备的！这时候，爱德华其实已经开始排斥那个还没出生就让所有大人都忙得团团转的小宝宝了，他热烈欢迎和认同的小詹姆斯就是他自己。也许只有一个跟他一模一样的小弟弟，才不会抢走原本属于他的爱！所以，他一边拼命地制造噪声来吸引大人们的注意，一边更加拒绝一个小妹妹的到来，甚至决定如果是小妹妹就要送给伊丽莎白阿姨！那么，故事的结局是什么样的呢？让我们和孩子一起打开绘本吧！

亲子阅读指导建议：对于小孩子的执拗与任性，往往不是简单地说教和指责能够化解的。来看看爱德华的家人是怎样应对他的偏执期待的吧：在绘本故事里，看似不经意地，妈妈让爱德华帮忙给小宝宝起名字；自然而然地，爸爸和爱德华一起去看妈妈给小宝宝准备的衣服，那可全是爱德华穿过的衣服啊。这一下子拉近了爱德华和小宝宝之间的距离。而且，爸爸貌似随意地追问：如果小弟弟变成了小妹妹呢？爱德华的反应激烈而任性，还说要把小妹妹送人，此时已在他小小的心灵中预埋了一粒与自己期待相悖的种子。当爱德华越来越迫切地期待小弟弟的到来时，妈妈让他与小宝宝对话，让他的心与小宝宝更加贴近了。尤为可贵的是，妈妈在去医院之前还没有忘记把爱德华拥在胸前，给他一如既往的关注和爱抚。尽管最后爱德华的期待还是落了空，妈妈带给他的不是小弟弟而是小妹妹，可是这又有什么关系呢？割不断的血缘与亲情就是那么神奇，它让爱德华身不由己地做了他原本排斥的事情——轻轻地吻了吻小妹妹。到此，爱德华内心的失落终于得到了最好的补偿。

绘本故事内涵丰富，却选择了一种特别轻松的绘画方式来表现。极其简单的炭笔线条所勾勒的人物肢体语言，生动传神地传达出丰富而微妙的情绪变化；轻淡随意的水彩涂色营造出安静祥和的家庭氛围；清雅柔和的色块组合则很好地契合了儿童世界的纯净透明。这一切与故事的内涵完美结合，并为之增色。

《彼得的椅子》

序号：04

类别：兄妹篇

书名：《彼得的椅子》

文·图 / [美]艾兹拉·杰克·季兹

译 / 孙晴峰

出版社：明天出版社

推荐理由：这是一本适合二孩家庭阅读的绘本。家庭中有了二宝后，大宝不被关注，是一种看不见、摸不着的很奇妙的感觉。家里新生命的到来，可能会威胁到父母对大宝的关注而让大宝产生心理恐慌。父母既要让大宝明白父母对他的爱并没有因为二宝的来临而减少，也要让大宝明白，学会分享一定会有更多爱的体验和收获。

故事简介：《彼得的椅子》讲述了小男孩彼得的妈妈生了一个小妹妹的故事。小男孩彼得正在搭积木，好不容易搭好了，却一下子倒下来，这时候妈妈说，以后要小点声玩，家里还有一个小妹妹呢！彼得发现自己小时候用的摇篮被刷成了粉色，而爸爸又邀请他一起把高脚椅也刷成粉色,彼得心想:这明明是我的高脚椅。小彼得觉得自己被冷落了,为此他决定带着自己的小椅子、玩具鳄鱼、小时候的照片和小狗威利离家出走。其实他没有走远,只是来到了院子里。他累了想坐下来时才发现,那个蓝色的小椅子已经小了,于是他想到了一个好主意。刚好妈妈叫他回来吃饭,爸爸叫他一起把小椅子刷上粉色油漆,然后他们就动手刷小椅子了。

绘本故事情节非常简单,却暗含了深刻的道理:成长与分享。虽然绘本没有非常明确的字眼,但能给读者带来强烈的感受,尤其是家有二宝的家庭,感触会更深。有了二宝后,大人的精力往往会倾向于二宝,不自觉地会忽略大宝的感受,有时候在大人看起来完全是不值一提的小事,在孩子心中却是比天还大的事情。就像故事中的彼得那样,当彼得口中的"我的摇篮""我的高脚椅""我的小床"等都要因为妹妹的到来而变了颜色、换了主人时,在彼得的心里,失去的不仅是属于自己的颜色、自己的东西,更是曾经属于他的来自爸爸妈妈全身心的爱。有小孩子单纯的占有欲,有不开心,可能还有小小的嫉妒,此时的彼得还没有长大,还需要成长。小椅子不仅仅是一把小椅子,更是他争取父母关注的"导火线",但是他发现这把椅子已经不适合自己时,很快就做出分享给妹妹的决定,所以孩子的成长是自然而然发生的。

亲子阅读指导建议:在孩子心里,不被关注是看不见、摸不着的一种很奇妙的感觉,所以对于具象的代表事物就会格外在意。故事从彼得对一把椅子的执着展开,讲述了彼得对家里新生命的到来可能会威胁到父母对自己的关注而产生恐慌情绪。这本

书讲了如何战胜手足间的忌妒，达到成长的自觉。二孩家庭，如何让孩子学会分享，父母要给予充足的陪伴，避免顾此失彼，从而让大宝产生心理偏差，要让孩子明白父母的爱没有被均分，更没有缺失。让大宝参与二宝的成长过程，和妈妈一起为弟弟妹妹做点事情，同时也是回忆自己成长的过程，大宝会有强烈的成就感和安全感，分享也就会自然而然发生。

面对彼得的种种表现，妈妈爸爸表现得非常棒，他们并没有跟彼得说很多大道理，也没有教他该怎么做，他们只是很自然地爱着两个孩子，这反倒让哥哥释怀了。可以说，《彼得的椅子》是一本从头到尾都通透、明亮、温暖、鲜艳的书。长大从来不是改正天真、改正幼稚，而是在某一瞬间知道怎么做了。也许彼得的爸爸妈妈是真的懂得童年、懂得成长、懂得耐心等待，他们总是面带微笑，一句多余的话也没有，而是继续深深地爱，静静地等待和陪伴。这本绘本不仅适合孩子，更适合父母，希望这本书对爸爸妈妈们有所启发。

《海盗从不换尿布》

序号：05

类别：兄妹篇

书名：《海盗从不换尿布》

文 / ［美］梅林达·朗

图 / ［美］大卫·香农

译 / 任溶溶

出版社：南海出版公司

　　推荐理由：经典绘本《大卫，不可以》和《鸭子骑车记》作者、"凯迪克大奖"得主大卫·夏农（即大卫·香农）幽默杰作，《千万别去当海盗》姊妹篇，荣登《纽约时报》畅销书榜，讲述了非同一般的海盗故事：威风凛凛的海盗当起了保姆，带领孩子开启了另类的寻宝之旅，上演了一出温情大戏。带娃寻宝的情节跌宕起伏，从中孩子会懂得爸爸妈妈的辛苦。透过生动立体、反差萌的人物形象，孩子将学会全面地看待人和事。浓墨重彩的油画风格、无处不在的细节，能培养孩子的审美与洞察力。

　　故事简介：天哪！海盗当保姆？你没听错！这一回，小辫

胡子爷船长又带着那群海盗找到了杰里米·雅各布，他们要挖出埋在他家后院的宝藏。没想到，杰里米的小妹妹被吵醒了，她哇哇大哭，哭得比海上的狂风骇浪还剧烈。没办法，要想安安静静地寻找宝藏，威风凛凛的海盗只能先变成哄小宝宝的"保姆"了！大卫·夏农的书自带魔力，每一本都让孩子着迷，他的画风和故事看似荒诞，实则异常传神！海盗们的育儿生活就是一个大写的"囧"字！雅各布给这些看似不食人间烟火的海盗出了一道难题：要想顺顺利利挖出宝藏，就要先哄好他的小妹妹。威风凛凛的海盗们立刻变成了一群哄孩子的保姆：换尿布、喂饭、摇摇椅……被小宝宝捉弄得团团转。在这本书里，我们感受到的是这帮海盗的善良可爱，看上去面目狰狞的海盗们眼中却透射出天真和温柔的神采，玩得不亦乐乎。海盗们给杰里米的小妹妹换尿布时更加好笑，我们会发现，尿布原来可以有这么多"用途"！要不，怎么会有这样一个疯狂的故事呢？

亲子阅读指导建议：《海盗从不换尿布》，是一个适合集体阅读的热热闹闹的故事。故事中海盗们热烈的呼应声、丰富的色彩、夸张的透视关系、欢闹的场面加上他们的善良可爱又滑稽，吸引了一大批海盗爱好者。每个孩子心中都有一颗叛逆的心，都想小小地违逆父母一下，离家出走，尝一尝当海盗的滋味。听《海盗从不换尿布》不用安安静静，而是会发出阵阵快乐的笑声。其实，这正是作者创作它的目的，他就是希望孩子们能尽情地发泄自己的情绪。对于孩子们来说，这本绘本就是一场盛大的狂欢节。

《我想有个弟弟》

序号：06

类别：兄妹篇

书名：《我想有个弟弟》

文 / ［法］克利斯提昂·约里波瓦

图 / ［法］克利斯提昂·艾利施

译 / 郑迪蔚

出版社：二十一世纪出版社

　　推荐理由：《不一样的卡梅拉》系列故事讲的是母鸡卡梅拉和她的儿女们卡梅利多、卡门的历险故事。卡梅拉家族里的每个人都是那样与众不同，敢于幻想，敢于尝试别人不敢想的事情。"生活中肯定还有比睡觉更好玩的事情！"大小卡梅拉们一直都抱有这样的信念。他们执着地追求那些在种群中被认为不可想象的事情。去看大海、去摘星星、去追回逃逸的太阳……一路上处处坎坷、历经艰难，但总是逢凶化吉、化险为夷。最后还能收获超乎想象的回报和异乎寻常的果实。这套丛书第一辑，有一本是《我想有个弟弟》，讲的是小鸡哥哥盼望有个小弟弟，结果有了

一个小妹妹。《不一样的卡梅拉》不仅适合幼龄的孩子，而且适合学龄孩子。故事内容精彩纷呈，充满了幽默和平等的性别意识。阅读这套书的孩子很容易独立自主地从中获得自我的乐趣。

故事简介：可爱的卡梅利多一直很羡慕别人的家庭，因为他一直梦想有一个小弟弟，那样他们就可以一起玩骑山羊、捉迷藏的游戏，他甚至想到要把别人家的小弟弟借过来玩一会儿。可是农场主拿走了妈妈所有的蛋，因为那是全鸡舍里最好的蛋了。失望的卡梅利多很伤心，因为他知道永远也不会有小弟弟了。好心的鸸鹋佩罗非常同情他的遭遇并偷偷收藏了卡梅拉的一只蛋，从这天开始，佩罗就在自己的桶里孵化卡梅拉的蛋。终于，蛋壳里的小鸡快要孵出来了，兴奋的卡梅利多满心欢喜地要亲手给小弟弟做一件礼物：一根非常漂亮的木棍。正在这时，两只饥饿的刺猬偷走了他的小弟弟，当卡梅利多赶到时，小鸡已经破壳而出，可是令卡梅利多有点失望的是竟然是个妹妹。有个妹妹也很不错啊，兄妹二人形影不离，卡梅利多还一遍遍地给妹妹唱歌：小鸡小鸡叽叽叽，跟着哥哥去啄米，看到天上老鹰飞，躲进哥哥翅膀里……

亲子阅读指导建议：现实中也有不少孩子希望有个弟弟或者是妹妹，这本绘本通过妙趣横生的故事，让孩子懂得，生弟弟还是妹妹并不是妈妈可以做主的，就算二宝的性别跟他预期的不一样，父母对孩子的爱、兄弟姐妹之间的爱都是不会变的。

《跟屁虫》

序号：07

类别：兄妹篇

书　名：《跟屁虫》

文·图／［日］宫西达也

译／蒲蒲兰

出版社：二十一世纪出版社

推荐理由：《跟屁虫》秉承了宫西达也一贯简洁的画风和幽默的故事情节，再现了小妹妹模仿哥哥一举一动的搞笑场景。绘本使用了大块的色块和简单的线条，很适合低龄的孩子自主阅读。看着宫西老师的书，自然就能使读者泛起曾经的回忆，总是能在不知不觉间沉浸在故事中，与故事中的人一起笑、一起闹。宫西老师的书写的都是自己的亲身经历。而故事中的小主人公，恰好也是生活中的你和我。

故事简介：妹妹是个跟屁虫，哥哥做什么她跟着做什么。吃饭时，哥哥说"再来一碗"，把空碗递给妈妈：妹妹也说"再来一碗"，可她的碗里还是满满的。哥哥说"我要尿尿"，冲向洗

手间；妹妹也说"我要'料料'"，她却尿在尿不湿里……明明什么都做不好，可还是会跟在哥哥后面，做哥哥的小跟屁虫。故事中，作者宫西达也以哥哥的视角记录下二孩家庭中生动有趣、温暖细腻的生活片段，传递着深厚的兄妹亲情。

亲子阅读指导建议：在经历长期计划生育后的中国社会，年轻家长大多是"独生子女"，如何面对两个孩子的相处、如何应对二宝对大宝的心理影响，在这本绘本中或许可以得到启发。在这本绘本中，我们不仅可以看着兄妹的趣事一起笑、一起闹，还可以跟孩子一起对"自己"与"他人"、"个体"与"群体"有一个全新认知。故事的最后，"妹妹一直都是一个跟屁虫"，看似抱怨，其实暗藏着哥哥对妹妹的爱惜与自豪。绘本中的角色很接地气，性格也很鲜明，适合年龄较小的孩子看，简单轻松的语言很容易带给孩子快乐，也可以让孩子更好地进入故事情境。兄妹间的情谊流淌在绘本的每一个文字和画面中，非常有代入感，让我们不由自主联想到自己的生活：我们小时候不也总是喜欢黏着亲人，他们做什么我们就跟着做什么，不也是小小的跟屁虫吗？做一个"跟屁虫"是一件幸运的事，而被人跟随又何尝不是一件幸福的事呢？有跟随就有指引，孩子能胜任自己的"角色"，就是一件很美好的事情。

《我为什么讨厌吃奶》

序号：08

类别：兄妹篇

书名：《我为什么讨厌吃奶》

文·图 /［日］矶深雪

译 / 蒲蒲兰

出版社：二十一世纪出版社

推荐理由：从幼儿发展来看，当出现弟弟或妹妹时，幼儿会经历嫉妒的危险期，并对异性父母更加依恋。《我为什么讨厌吃奶》不仅细腻地传达出了孩子的这种复杂心理，而且提示父母应及时认识并理解孩子的这一情绪。异性父母对孩子的拥抱，能让孩子体会到安全感与爱。《我为什么讨厌吃奶》聚焦的是大宝对二宝的忌妒，里边的哥哥一副"小男子"样，明明年纪不大，还非得把自己装成个"哥哥的样子"……实在太可爱！

故事简介：小孩子一般都喜欢吃妈妈的奶，可是这个小男孩为什么不喜欢？故事一开头，小男孩就双手抱胸，皱眉噘嘴，摆明了立场："我可不喜欢吃奶！"接着，他准备了一大堆的理

由：小宝宝没有奶就睡不着，妈妈因为有奶穿衣服也很麻烦，牛的奶和爸爸的奶看起来也很讨厌！可是，小男孩撞到头而被妈妈搂在怀里时，我们才看清了事实的真相：其实，说不喜欢吃奶，只是因为忌妒呀！

亲子阅读指导建议：在亲子共读时，父母不妨顺便给孩子普及性别知识，让孩子在日常生活中实现性别认知、社会化成长。当孩子在表现出抗拒、厌恶的情绪时，背后的原因可能跟不喜欢吃奶一样复杂哦。爸爸妈妈们，别忘了经常给孩子爱的拥抱吧！绘本充满童趣，将小孩子的心思表现得很真实，大宝因为家里有了二宝而故意不黏妈妈，但是内心渴望妈妈的怀抱，那个样子真是又可爱又可怜。希望爸爸妈妈通过和大宝一起阅读这本绘本，可以帮助大宝接纳弟弟或妹妹，减少忌妒和攻击性。父母也可以理解大宝的感受。

《隧道》

序号：09

类别：兄妹篇

书名：《隧道》

文·图／［英］安东尼·布朗

译／崔维燕

出版社：二十一世纪出版社

推荐理由：该作品获得荷兰银画笔奖，是安东尼·布朗的又一部动人作品。他的绘本总是不时给人新的发现和惊喜，让读者在反复地阅读和品味中感受无尽的乐趣。令人感动的是，他能够深入观察和把握儿童的特点，体会并理解他们的真实需要，并努力呈现他们的内心世界，因此经常能够给孩子们安慰，从而使其获得希望和快乐。这本绘本看似短小简单，实则韵味无穷。兄妹二人性格、爱好各不相同，见面总是吵呀打呀。可是，当哥哥遇到"危险"时，妹妹会不顾一切地把哥哥"解救"出来。作品插图丰富细腻且暗藏玄机，引领着读者走进感人的故事。这是让孩子学会友好相处的又一部动人的作品。

故事简介：哥哥和妹妹很不一样。性格迥异、爱好不同的哥哥和妹妹总是不停地争吵。他们一个调皮好动，一个胆小文静。有一天他们又在吵架，妈妈叫他们出去和平解决。两个人不情愿地来到一个堆废品的地方，在那里，他们发现了一个神秘的洞。哥哥胆大，钻进去探险；妹妹不敢，幻想着隧道里面藏着怪兽、巨人、巫婆……可是过了很久，哥哥都没有出来。哥哥会不会遇到了什么危险？又急又怕的妹妹终于鼓起勇气，也钻了进去……她看到哥哥变成石像，抱住石像哭了，没想到石像变软了，还逐渐有了体温，妹妹救了哥哥。在一段有惊无险的经历之后，兄妹俩一同跑出了隧道，回到了家里。隧道是一场探险游戏，更是一种新的沟通，让孩子友好相处。

亲子阅读指导建议：故事里的隧道其实就像是孩子的一条艰难探索的心理之路，一条隧道改变了性格迥异的两兄妹：隧道那边无助的哥哥在等待，终于等来了勇敢的妹妹；隧道这边胆小的妹妹在等待，终于找到了作为依靠的哥哥。很温馨的小故事，是让孩子相亲相爱的生动教程，能够让孩子随着故事感受来自手足情深的平等之爱，充满兴趣的细节，充满幻想。布朗把森林里的树木画得千变万化。父母在亲子阅读绘本时可鼓励孩子自己寻找发现，提高孩子的阅读兴趣。拄着拐杖的大灰狼、凶恶的野熊、尖牙利齿的野猪、巨人的手指尾巴、开叉的蛇、变成了石头的哥哥，在这些情节里爸爸妈妈可以鼓励孩子自由发挥想象。

《小凯的家不一样了》

序号：10

类别：兄妹篇

书名：《小凯的家不一样了》

文·图 /［英］安东尼·布朗

译 / 余治莹

出版社：河北教育出版社

推荐理由：这是一本关于二孩的绘本，是大师安东尼·布朗的作品。这个绘本故事很有趣，插画符合布朗的一贯风格，每张插画里面都藏着小秘密。对于一个孩子来说，家中新生儿的降临，是一个很大的改变。安东尼·布朗是有独立原创精神的童书作家之一，孩子们十分喜爱他所描绘的奇异画面……这些画面里还蕴藏着非同寻常的智慧。安东尼·布朗不仅有天分、有才能、有无可比拟的想象力，同时他也开辟了绘本前所未有的新领域，他以超现实的笔触创作出只有他才能呈现的绘本世界，吸引大小读者反复阅读。

故事简介：星期四早上十点十五分，小凯注意到茶壶有了

一些变化……厨房里其他的东西，和往常一样干净又整齐地放在原来的位置，就连厨房里的味道都和平常一样，没有什么不同。整间屋子很安静，真的很安静，有一些东西开始改变了……小凯想起了爸爸早上到医院接妈妈时，临出门前告诉他："所有的事情都将要改变了。"难道爸爸指的就是茶壶会变成一只猫？水槽长出了一个鼻子？长沙发变成一条鳄鱼或一只大猩猩？……到院子看看或许情况好一点。天呀！怎么足球孵出一只小鸟，水管成了象鼻子、脚踏车轮子变成了一颗苹果？翻上墙头看看邻居家，哇！哪儿来的大怪物？……算了算了，把门关好、把灯关掉，躲在房间等爸妈回来吧！门开了，灯亮了，是爸爸、是妈妈，还有……一个小婴儿，是小凯刚出生的小妹妹。随着男孩的想象力，从室内延伸到户外，步步紧扣着读者的心。

亲子阅读指导建议：这本绘本深刻地描述出当父母说"家里会不一样"时孩子的心理变化，有对未知的恐惧，也有无尽的想象。作者通过超现实的手法，将孩子的心理表现得淋漓尽致，迷惑、压抑甚至惊慌。孩子们的脑子里，在想些什么？这是很多大人普遍的疑问，也是众多童书作家乐于描绘的题材。安东尼·布朗的这本《小凯的家不一样了》，描绘的正是这样一个故事。对于等待二宝出生的大宝来说，这个过程又何尝不是一种对未知的期待和恐惧呢？这本绘本让大宝明白自己的心理变化其实是正常的，同时也让父母感受到大宝复杂的心理变化。

《和我玩吧》

序号：11

类别：兄妹篇

书名：《和我玩吧》

文·图／弯弯

出版社：天天出版社

推荐理由：这是一本中国的原创绘本，讲述了兄弟姐妹之间真实又幽默的童真童趣。随着二孩政策的开放，越来越多的孩子将在兄弟姐妹的陪伴下长大。孩子面临着如何与另一个个体相处的问题，这本书描述了兄妹之间相处的故事。小的那些孩子，总是渴望被大孩子认可和接纳。这个故事真实又幽默地表现了这样的童年情感，没有激烈的情感表达，哥哥和妹妹爱对方的方式也不一样，但是这种日常生活中自然流露的情感非常珍贵。

故事简介：思思和哥哥一起玩，可是哥哥嫌她太小不爱带她玩。一天哥哥突然改变了主意，叫思思帮他抬梯子，他们用梯子拿到了好多玩具。哥哥为了感谢思思，决定带她去看花鼓戏，可是途中却被恶狗挡住去路，这时，思思急中生智引开了恶狗。从

此哥哥对思思的看法发生了改变……《和我玩吧》这本取材于作者弯弯自己童年生活经历的绘本，贴近儿童的情感生活。

亲子阅读指导建议：相信很多当弟弟妹妹的孩子都会有类似的生活经历——被年长的哥哥姐姐"嫌弃"。但当真是"嫌弃"吗？弯弯用幽默、俏皮的画面，为我们展现了孩子们丰富的情感世界，隐藏在"嫌弃"背后的，是小哥哥小姐姐浓浓的爱！这份情感，在特殊情况下，显得更加温暖和珍贵。这是一段对漫不经心的童年美好追忆，一本充满诗意与回忆的原创绘本。大人可以从这本绘本中找回自己的童年，孩子则可以从这本绘本中发现父母辈的生活。

《向日葵笑了》

序号：12

类别：兄妹篇

书名：《向日葵笑了》

文·图 / [日] 大西博美

译 / 纪鑫

出版社：青岛出版社

推荐理由：一对吵吵闹闹又相亲相爱的小兄妹上演了二孩家庭生活秀。给孩子爱的教育，让孩子懂得爱，学会爱。《向日葵笑了》通过小兄妹由吵吵闹闹到变得要好的日常生活，让孩子体会纯真的手足情。这对小兄妹跟我们生活中家有二宝的家庭一模一样，故事富有浓厚的生活气息，教孩子们相亲相爱。

故事简介：小妹和哥哥总吵架。邻家老爷爷送给他们一袋向日葵种子，从争夺向日葵种子开始，兄妹俩开始了吵吵闹闹的向日葵种植日常。他们争夺喷水壶给向日葵浇水，争着给向日葵扶竿，还比赛给向日葵拔草……妹妹因提不动重重的喷水壶摔了跟头，哥哥跑来安慰；输掉拔草比赛，心有不甘却对哥哥敬佩有

加的小妹妹；得到妹妹夸赞，哥哥意气风发……在吵吵嚷嚷的过程中，这对小兄妹内心不断产生着共鸣：并非因为要好才时时相伴，而是因为时时相伴，才会要好。

亲子阅读指导建议：《向日葵笑了》通过小兄妹由吵吵闹闹到变得要好的日常生活，让孩子体会纯真的手足情。吵吵闹闹、各说各理的两兄妹。共同经历了这一幕幕，两兄妹的内心不断产生着共鸣。爸爸妈妈在陪大宝二宝阅读完这本绘本后，希望你也给孩子们送一袋向日葵种子，让两个孩子一起去种向日葵，让他们在爱的陪伴里，等待亲手种的向日葵慢慢发芽，慢慢开花。

《汤姆的小妹妹》

序号：13

类别：兄妹篇

书名：《汤姆的小妹妹》

文 / ［比］克斯多夫·勒·马斯尼

图 / ［美］玛丽－阿利娜·巴文

译 / 梅莉

出版社：海燕出版社

推荐理由：不是所有孩子都会遇到家里添个小妹妹这样的事，但是，对孩子来说，被忽略和被冷落是难免的。一起分享汤姆的故事吧，让我们来看看，汤姆在受到冷落后是如何积极地面对这种不舒服的感觉，让自己开心起来的。当然，大人们也千万要记得，无论什么时候，都别忘了关注孩子内心小小的感受，别忘了告诉他你有多么爱他。

故事简介：刚开始，妈妈同小妹妹伊娜从医院回家的时候，汤姆还是挺高兴的，他还想把自己的小卡车借给伊娜玩。可是，因为小妹妹的出现，汤姆觉得现在家里都没人理他了。汤姆心

想，伊娜还要在我家待多长时间啊。汤姆有了一个小妹妹，从最初的好奇，到心里有些许失落和委屈，再到全心呵护妹妹，得到父母的肯定和鼓励，汤姆俨然成为一个可以照顾和保护妹妹的小男子汉了。小小的故事有波澜、有温馨、有感动，一个孩子的成长轨迹跃然纸上。

亲子阅读指导建议：绘本中汤姆有了小妹妹，大家都很照顾、关心小妹妹，汤姆很伤心。对于这种心情，很多有小妹妹或者小弟弟的孩子会产生共鸣，很容易被带入绘本故事，随着汤姆伤心难过，到最后喜欢上自己的小妹妹。给孩子读绘本前，可以让孩子仔细观察绘本的封面，让孩子说一说绘本上都有谁，他们在做什么，他们两个是什么关系。当家长读到汤姆趴在妈妈肚子上听婴儿声音的时候，可以让孩子回忆一下他有没有也做过类似的事情，还记得肚子里是什么声音吗；当读到妹妹出生了，汤姆在为妹妹布置房间的时候，可以问问孩子汤姆这个时候是什么样的心情；当汤姆发现家里人都送妹妹礼物、关心妹妹的时候汤姆是什么心情，他为什么会有这样的心情。在读完绘本后可以跟孩子探讨一下：他有没有像汤姆一样因为有了小弟弟或者小妹妹伤心难过？当孩子觉得自己的妹妹或者弟弟夺走了爸爸和妈妈的爱时，爸爸或者妈妈一定要让孩子明白有了小弟弟或妹妹是多了一个人来爱他，而不是来分走妈妈爸爸的爱。孩子在成长过程中时刻都保持一颗好奇心，小小的心灵敏感又脆弱，需要父母的时刻呵护，也许父母的一个小小鼓励就能给他带来无穷的力量。和大宝一起分享这个故事吧，没准他也能拍着小胸脯告诉你："我也能照顾好小妹妹的。"

《嘘，弟弟在睡觉》

序号：14

类别：兄弟篇

书名：《嘘，弟弟在睡觉》

文·图 /［美］瓦列里·戈尔巴乔夫

译 / 石婧

出版社：北京科学技术出版社

推荐理由：有了二宝之后，二宝的睡眠被干扰问题无疑会成为每个家庭的头疼大事。很多二宝妈妈反映，大宝总是在二宝睡觉的时候捣乱。越让他安静，他越发出大动静，大声说话唱歌，把二宝吵醒，让妈妈每天处于很崩溃的状态。只有平衡好二宝的睡眠习惯和生活规律，才能帮助妈妈保持足够的精力，更好地陪伴孩子们的成长。

故事简介：当弟弟睡觉的时候，我蹑手蹑脚安安静静。我告诉小丑不要嬉笑了，我告诉士兵不要打仗了，我告诉老虎不要吼叫了，我告诉飞行员不要飞行了，我阻止火车发动，我阻止海盗开炮。当弟弟醒了，我又可以重新玩耍。在书的后半部分才使

小读者恍然大悟，原来那些想象出来的场景都是大宝自己喜爱的玩具。

亲子阅读指导建议：家有二宝后，大宝的日常活动、游戏必然因为哄睡中或者睡眠中的弟弟妹妹而有所迁就和收敛，为了实现这种和谐，父母一定要和大宝一起读一读这本绘本。本书的意义和价值就是通过新奇巧妙的想象故事来帮助父母为保证二宝的良好睡眠生活来做好大宝的心理建设，提升大宝的责任感和幸福感，成为爸爸妈妈的小帮手，做个懂事的好哥哥、好姐姐。

《大宝小宝向前冲》

序号：15

类别：兄弟篇

书名：《大宝小宝向前冲》

文 / ［美］伊芙·邦廷

图 / ［美］马克西·钱布利斯

译 / 李一慢

出版社：黑龙江美术出版社

推荐理由：这是一本给一孩家庭惊喜、给二孩家庭温暖的创意想象绘本。满足所有孩子对妈妈肚子的天然好奇心，同时也引导二孩家庭关注和呵护家中大宝的心理。绘本里面有温馨、静美、和谐的画面，孩子读了之后能感受到满满的爱。爸爸妈妈不偏重哪个孩子，对大宝和小宝都给予认可和关心，爸爸妈妈包容和理解孩子之间嫉妒和竞争的心理，家人通过接纳大宝幼稚可爱的行为，给予大宝充分的肯定和鼓励。因为得到爸爸妈妈的爱，也让大宝学会了爱弟弟，最终加入爱小宝的队伍。在小宝走向大宝的那一刻，一家人平和而温暖，最好地诠释了什么是亲情之爱。一个温暖的小故事，真实生动地描绘了二孩家庭孩子的内心

世界。作者对儿童心理活动的刻画细致入微，阐述了孩子手足情的真正意义。

　　故事简介：布兰登有了一个弟弟，名叫詹姆士。布兰登的妈妈、爸爸以及爷爷，都对宝宝詹姆士能做的事情感到很惊讶。他能微笑，他能自己翻身，他甚至能打嗝。但是，布兰登也能做这些事情。因为小弟弟获得了所有人的关注，而布兰登为了确认家人还没有遗忘他，也学着弟弟做起了这些可爱的动作，同样得到了父母和爷爷奶奶的关注，这就是伊芙·邦廷的关于同胞竞争的温馨故事。这本书中的大宝不希望自己被家人遗忘，为了获得爱，他努力证明弟弟可以做的他也可以做，这本绘本在理解了孩子内心微妙敏感的情感基础上，从儿童的视角出发，帮助孩子意识到爱的真正内涵。

　　亲子阅读指导建议：有了二宝之后，因家庭新成员的加入，肯定会给大宝带来心理震荡。此时，我们做父母的不能只是一味地指责大宝，甚至打骂大宝。你要知道，孩子哭闹、发脾气、扔东西以及出现各种退行行为，是为了得到父母的"爱的保证"。所以，家庭成员最好能做好分工，在照顾宝妈和二宝的同时，也能给予大宝多多的鼓励和关注，唯有父母的积极引导、宽容接纳、持续关注才能帮大宝顺利适应这突如其来的变化。如果你不知道该怎么具体去引导大宝，那就让这本绘本辅助你吧！关于二孩家庭亲切感人的故事，作者用"小宝知道你有多爱他"这句简单的话从细微处给我们讲述了教会孩子学会爱人的重要性，相似的感受会让亲子产生共鸣，这是一个不知不觉感动你和孩子的故事。希望每个大宝和大宝的爸爸妈妈都能读到这本绘本，在亲子阅读的过程中去感受亲情。

《又有了一个弟弟》

序号：16

类别：兄弟篇

书名：《又有了一个弟弟》

文·图／［美］马修·科德尔

译／彭懿　杨玲玲

出版社：二十一世纪出版社

推荐理由：超级好看的儿童心理绘本，看小羊戴维的幽默故事，帮孩子解决成长中必然遇到的"群体与个体""独占与分享"问题。

故事简介：戴维是一只快乐的小羊。当爸爸妈妈只属于他自己时，日子多么美好啊！爸爸听他唱歌会哭，妈妈看他织毛衣会笑……全家人的目光都在他一个人身上。但是后来，他有了一个弟弟皮蒂。戴维唱歌的时候，皮蒂哭；戴维织东西的时候，皮蒂在上面吐。后来，他又有了一个弟弟，迈克！又有了一个弟弟，斯图！又有了……又有了……直到戴维有了总共十二个弟弟！而这还仅仅是开始……这本书的内容比其他绘本复杂一些，小羊哥

哥有了一个弟弟，有了两个弟弟，有了三个弟弟，有了四个弟弟，有了五个弟弟，有了六个弟弟，有了七个弟弟，有了八个弟弟，有了九个弟弟，有了十个弟弟……直到最后，结局意外！那就是——终于有了一个妹妹！哈哈，你猜到了吗？

亲子阅读指导建议：小羊戴维自从有了弟弟，他失去的不仅是父母的宠爱，还有过去美好的生活。他的12个弟弟喜欢跟在他身后，处处模仿他，让他苦恼。可是等到弟弟们学会独立了，他收获的是失落。对于戴维的心路历程，很多独自长大的孩子在接触到同龄人时也会出现。到底需不需要伙伴，怎样和伙伴相处，这是家庭的孩子转变为社会的孩子所必须经历的难关，不过孩子总有办法自己总结问题、解决问题，就像绘本里这只可爱的戴维老大一样。

《因为是哥哥》

序号：17

类别：兄弟篇

书名：《因为是哥哥》

文·图 / [日]福田岩绪

译 / 肖潇

出版社：北京科学技术出版社

推荐理由：有兄弟姐妹的家庭，总是年长的孩子忍耐多一些，那么他们的真实想法是什么呢？通过这本绘本我们或许可以更多理解他们一些。不管怎样，哥哥最后的作文中温暖的话语，不禁让人感叹"有兄弟姐妹真好"。

故事简介：爸爸和妈妈总是对我说"因为你是哥哥，要对弟弟好一点儿""你是哥哥，这点小事忍忍就算了"。可是我讨厌弟弟。有一天，我放学回到家，发现桌子上放了一张纸条说弟弟失踪了……哥哥讨厌拖油瓶一般的弟弟，觉得弟弟好烦，但当弟弟走失的时候，哥哥无比担心、无比焦急……看到哥哥终于找到弟弟，背着他一步一步走回家的时候，我们不禁动容。这就是所

谓的手足之情，不一定随时随地牵挂对方，但心中总有一个角落留给你。这本书中的妈妈总是在袒护弟弟，所以哥哥讨厌弟弟。哥哥到底意味着什么呢？如果没有弟弟，"我"也就不会成为哥哥了。可是弟弟走丢那一天，听到妈妈说"你是哥哥，一个人在家没问题吧"这句话时，哥哥没有那么生气。后来的日子里，哥哥对弟弟变得宽容了，他在最后的作文中写道："以前我只要生弟弟的气，就会打他，后来我只打过他一次，之后就都忍住了。这是为什么呢？是因为我是哥哥吗？"

　　亲子阅读指导建议：这本书由日本福田岩绪编著，语言文字描写得细腻、生动、感人，充满了诗情画意。插图也将人物刻画得惟妙惟肖，图文并茂，恰到好处，仿佛让人身临其境，让一幅幅精美的生活画卷展现在人们面前。哥哥追打弟弟，妈妈袒护弟弟，弟弟把哥哥的笔记本画得乱七八糟……处处洋溢着兄弟俩的矛盾和幸福，这些场景都契合二孩家庭的日常生活，很容易引起小读者的共鸣，非常吸引读者。这本绘本语言非常符合儿童的心理，是一本讲手足亲情的绘本，值得品读。

《心烦的猴子和他的弟弟》

序号：18

类别：兄弟篇

书名：《心烦的猴子和他的弟弟》

文／［美］苏珊娜·朗

图／［美］马克思·朗

译／孙莉莉

出版社：北京联合出版公司

推荐理由：童书作家苏珊娜·朗和插画家马克思·朗为孩子们带来《心烦的猴子》精彩续作，文字简单、幽默，插画色彩鲜明、诙谐有趣，真实刻画儿童心理，引发孩子共鸣。血缘就是如此神奇，多个孩子的家庭，不可能每个人都能获得等量的爱，但至少家庭成员之间，是彼此温暖的关系。妈妈温暖的拥抱、弟弟无私的信赖，都给吉姆带来了一种全新的感觉。二孩、三孩的家庭，父母没有必要，也不可能给予每个孩子相同的爱。更多时候，孩子想要的也并不是平等，而是在了解基础之上的独一无二。有针对性的关爱、有个性的偏爱，才是孩子们

最想要的。

故事简介：这是一本好玩、有趣、深刻地观察孩子情绪和家庭关系的书，是苏珊娜·朗对"心烦的猴子"系列令人愉快的补充。色彩丰富的插图充满了能量、情感和恰到好处的诙谐感。心烦的猴子吉姆这次总算有好心情了，他要去父母家彻夜狂欢。吉姆为了计划那些有趣的活动兴奋无比，已经等不及了！只是……吉姆似乎不太愿意提及他的弟弟。兄弟俩一碰面就斗嘴不断。在一个月黑风高的夜晚，吉姆发生了令人意想不到的转变。他和弟弟之间发生了什么呢？吉姆对弟弟的那种别扭、复杂的心理，在弟弟怕黑、怕恐怖故事时又变得柔软，他开始学会爱护弟弟了。在故事的推进过程中，读者能跟随着吉姆的心理变化，体会兄弟姐妹之间的陪伴、爱护。

亲子阅读指导建议：心烦的猴子，就像二孩家庭中的大宝。他虽然是个哥哥，却也是个孩子。对于父母的关爱，他想要却开口拒绝，表面上表现得很不屑，但实际上舍不得。弟弟蒂姆在家中得到了更多的关爱，吉姆心里酸酸的，一提到弟弟，就不是很欢喜。妈妈却平衡了这一点，在狂欢派对中，照顾他的情绪，开解他。吉姆感受到妈妈的温暖与关爱时，弥漫在心间的阴霾就此散去了。孩子们知道父母爱自己，就不会无休无止地攀比。这是一个温暖的家，这是一个有爱的家。诺曼是爱的见证者，他睡着，他的鼾声却让人更加宁静了。哪怕会有心烦的时候，我们的家人，也总是能温暖我们的内心。故事中妈妈对吉姆说的那句"你永远是我心烦的小猴子"，表达了父母对每一个孩子的爱都是唯一的、不会改变的。"心烦的猴子"系列的一大优点，是它为孩子们提供了一些处理情绪的健康策略，但《心烦的猴子和他的弟弟》与前两本绘本略有不同，因为在处理吉姆遇到的兄弟姐妹问题上，绘本中没有给出一个明确的策略，但后来还是挺顺利的。强烈推荐给父母们，特别是如果你有一个敏感的孩子。

《小弟弟要来了》

序号：19

类别：兄弟篇

书名：《小弟弟要来了》

文 / [意]露西娅·潘其耶里

图 / [意]萨曼莎·恩利娅

译 / 李申莉

出版社：郑州大学出版社

推荐理由：目前，越来越多的家庭都是二孩模式，迎接一个新生命对家里的大宝来说是一份真实的心理挑战。来自意大利的绘本《小弟弟要来了》，是送给所有准备迎接小弟弟或小妹妹的孩子的一份特别礼物。通过阅读绘本，帮助他们在挑战中成长，并感受温暖的手足情谊。从怀孕到生育，迎接一个新生命的来临，父母总是既满怀喜悦也充满担忧，此时也更容易忽略家中另一个孩子的感受。来自意大利的绘本《小弟弟要来了》，是一个对大人来说有点儿"荒诞不经"，而对孩子来说"无比真实"。它让我们惊叹孩子内心世界丰富敏感的同时，被他们心中那份一尘不染、清澈真挚的情谊感动。这本绘本对现在很多二孩家庭具有积极的意义，能很好地帮助大宝做好迎接家庭新成员的心理准备！

　　故事简介：故事的主人公是一个小男孩，他的妈妈正在怀孕，原来敏感的小男孩观察到，怀孕后妈妈特别爱吃南瓜，而爸爸告诉他，妈妈爱吃南瓜是因为她想生一个红头发小宝宝。好吧，为了妈妈，小男孩觉得天天吃南瓜也没什么大不了。但是有一天，他偏偏做了个奇怪的梦，梦见小弟弟的脑袋变成了"南瓜头"——就像万圣节的南瓜灯一样，里面空空如也。这可让他担忧坏了，人的脑袋里怎么能是空空的呢？于是，这位忧心忡忡的小哥哥便制订了一个"拯救"弟弟的计划：趁着弟弟还没出生，在他脑袋里装满各种奇妙、有趣、好玩的东西，以充实和丰富他的脑袋。在他看来，名人故事、植物的名字、海浪、巧克力、假期都是"填充"弟弟的"南瓜头"必不可少的"好东西"。南瓜的红色会变成头发的红色吗？南瓜吃多了会生出"南瓜头"宝宝吗？声音和词语可以被"填进"人的脑袋里吗？他怎么做到的呢？这正是这个故事的精彩之处，阅读绘本就知道啦！等我们读完整个故事，恍然大悟之余，是深深的感动。这就是孩子的世界，无论是迎接人生给予的礼物还是应对这个世界给出的挑战，他们都有自己独特的感知和应对方式。有人说过，孩子总在大人看不见的地方悄悄成长。当小男孩的父母欢欣地迎接新生命到来的时候，他们恐怕不会想到，在过去的九个月中，这位小哥哥为了弟弟那样担惊受怕，并做了那么多努力！这是属于小男孩一个人成长的秘密。

　　亲子阅读指导建议：在我们传统的家庭教育模式中，当一

个新生命降临，整个家庭的注意力会不自觉地被新生命吸引。其实，当父母们忙于迎接二宝的时候，大宝也在悄悄地"迎接"心理上的挑战。有趣的是，我们在《小弟弟要来了》中看到的只有哥哥对弟弟浓浓的手足之情，他的心中似乎对弟弟到来后自己是否会"失宠"全无顾虑。从这个意义上说，《小弟弟要来了》这个爱意融融、细腻动人的故事，是送给所有准备迎接小弟弟或小妹妹的孩子的最好礼物。这个故事将带给他们最温暖的鼓励和最积极的心理暗示，并引导他们以主动、自信的心态去面对一个小生命的降临。

《艾莫有了个小弟弟》

序号：20

类别：兄弟篇

书名：《艾莫有了个小弟弟》

文·图 /〔英〕罗伦·乔尔德

译 / 范晓星

出版社：接力出版社

推荐理由：英国凯特·格林纳威童书大奖作者罗伦·乔尔德力作，"全面二孩"时代家庭必读绘本，唤醒父母对大宝的心理关怀，帮助大宝轻松应对从独生子女到非独生子女的角色大转变，营造和谐家庭和亲密手足情。

故事简介：艾莫·格林是一个独生小孩。他有自己的房间，里面的每样东西都是他的。可是后来有一天，一切都变了……有个小弟弟或者小妹妹是一件特别美好的事儿，可当弟弟或妹妹降临的时候，家中年长的孩子往往会受到很大的冲击。他们会觉得自己不再是父母眼中那个最小、最可爱的孩子了。如何调整这种微妙的心理变化呢？这本绘本将帮助独生孩子去体会美好的手足

之情。自己完美的童年因弟弟妹妹的闯入而被摧毁，这种长子或长女存在的共同困惑在作家兼插图画家罗伦·乔尔德的作品《艾莫有了个小弟弟》中得到新的解读。

亲子阅读指导建议：家里的长子或者长女哪个不希望自己是父母眼中"他们见过的最有趣、最聪明和最可爱的孩子呢"？乔尔德很熟悉这种紧张的手足关系，同时，她标志性的多媒体拼贴图画（以孩子的眼光、用碎片化的模式）真实地反映出那一个不再是独生子的孩子内心的真实感受。对于经历过家里增添一个小弟弟或者小妹妹的孩子们，或者学过如何分享的孩子们来说，这本绘本充满童趣的视角和简单的插图会让他们爱不释手，父母也可以在和孩子一起阅读绘本后，鼓励孩子尝试绘制一本属于自己的小书。

《愿望树》

序号：21

类别：兄弟篇

书名：《愿望树》

文 /［奥地利］诺伯特·兰达

图 /［英］西蒙·门德斯

审译 / 金波

出版社：外语教学与研究出版社

推荐理由："聪明豆绘本系列"是世界各地优秀绘本的精选合辑。之所以被称为"聪明豆"，是因为她的确聪明——轻松幽默的文字、充满想象的图画、妙趣横生的故事，将自我认知、友谊、爱甚至是生命的逝去等饱含哲理的话题娓娓道来。没有一句教条，却能满足孩子成长需要；没有一丝说理，却能启发孩子深入思考；没有一点儿喧闹，却能激起孩子会心大笑。这是一本非常适合亲子共读、意义丰富的绘本。对孩子来说，这是一个充满温情的神奇故事；对大人而言，这是一滴甜美教育的甘露。

故事简介：小熊贝迪和弟弟吵了一架，一生气，他离开了

家。贝迪爬上了一棵神奇的树，他饿了，树上就长出了煎饼，啊，这是一棵神奇的煎饼树！他冷了，树上就长出了毯子，啊，这是一棵煎饼—毯子树！他怕黑，树上就长出了提灯，啊，这是一棵煎饼—毯子—提灯树！这棵树真神奇，可是里面藏着一个爱的秘密。秘密是什么呢？快跟想家的贝迪一起回去看看吧！

亲子阅读指导建议：这是一本特别适合睡前亲子共读的绘本。绘者用淡淡的水彩画为亲子共读营造了一个温馨而略显朦胧的氛围。书中小熊贝迪的妈妈用自己独特的方式诠释着它对孩子的爱，暖暖的爱让小熊贝迪不再任性，也让他在不知不觉中享受了温情。虽然妈妈在日常生活中给予孩子们无微不至的关怀和爱，但孩子不自知，通过绘本可以让孩子知道妈妈的爱无所不在！

《小象欧利找弟弟》

序号：22

类别：兄弟篇

书名：《小象欧利找弟弟》

文 / ［荷兰］伯尼·鲍斯

图 / ［荷兰］汉斯·比尔

译 / 王星

出版社：上海文化出版社

推荐理由：懂孩子的绘本，儿童心理、游戏精神和幽默气质并存。汉斯·比尔再一次活灵活现地向我们展示了孩子的内心。一组组妙趣横生的图画、一个个幽默捧腹的故事，描绘着一个个真真实实的孩子，也记录着天性未泯的成人。

故事简介：小象欧利生日的那一天，象妈妈做了一个很棒的蛋糕，上面淋了花生酱。朋友们送了很多很棒的礼物，包括一双溜冰鞋，可是欧利并不开心。欧利真正想要的是一个小弟弟。所以欧利穿上溜冰鞋，自己去找一个小弟弟。出走的小象欧利，在乡间四处寻找小弟弟——他请鹳妈妈送他一只小鹳当弟弟；在头

上绑一把断脚的椅子，好和牡鹿一家在一起；他也学蝙蝠倒挂在树上。当小象欧利知道所有的爸妈都太爱他们的小孩，舍不得送给他时，他觉得很难过，也很想回家找妈妈。这个温馨的故事描述了所有小孩都有过的心情，并在汉斯·比尔幽默细致的插画中生动地一一展现了出来。

汉斯·比尔创造出的猪、猩猩、猫、大象、鼹鼠、海象等动物，造型浑圆可爱，动作简单却能准确表达出性格，加上淡淡粉粉的水彩，许多丰富的情绪跃然纸上，让孩子们在宽广的空间中，更能尽情地延续、想象剧情的发展，在一页页地翻动中，融入故事的角色。

亲子阅读指导建议：这是一册充满了儿童游戏精神、洋溢着轻松与幽默风格的绘本故事。绘本大师汉斯·比尔举重若轻，在我们面前描绘了一个放松和恣意的童年。故事里的小猪"闹闹"，就像我们家庭中活泼多动的孩子。这类小孩子的好奇心强烈，精力旺盛，所以个性表现鲜明。当他的兄弟姐妹们都在泥潭里嬉戏和午睡的时候，他却总是喜欢独自跑到外面去"探险"——这个故事的构思精致。从表面上看，故事是讲小象欧利外出寻找弟弟，而实际上同时讲了小象欧利想念家中的妈妈。故事设置了寻找弟弟和想念妈妈两条线，两条线通过小象欧利的出走从原点出发，发展开去，又随着小象欧利的归来，一同回到了原点。故事简洁、明了，却又意味深长。

《阿惠和妹妹》

序号：23

类别：姐妹篇

书名：《阿惠和妹妹》

文 / ［日］筒井赖子

图 / ［日］林明子

译 / 季颖

出版社：北京联合出版公司

推荐理由：《阿惠和妹妹》——一本非常暖心的绘本，小孩子看的时候感受姐妹情深、血浓于水，让孩子体会到，当哥哥姐姐是一件多么幸福的事！唤醒孩子的责任感，引导他们成为值得信赖的哥哥姐姐，未来成为有担当的大人！

故事简介：妈妈出门了，临走前把照顾妹妹的责任托付给阿惠。可是阿惠一时疏忽，竟然让妹妹走失了。幸好她很快镇定下来，负责任地把妹妹找了回来，故事情节扣人心弦。阿惠画铁道画得太专注了，没有看好妹妹，之后开始找妹妹，担心小彩被车撞，发现撞到自行车的不是小彩后继续寻找妹妹；一路狂奔，

看见一个长得像妹妹的女孩就赶紧加快脚步追过去，发现不是妹妹；听到小孩哭声，心又怦怦跳起来，后来才发现哭的女孩也不是妹妹。三次场景描绘都不是妹妹，看故事的人的内心也跟着非常紧张，最后在公园里找到了妹妹，悬着的心才放下来。

亲子阅读指导建议：这本书情节亲切、画面优美，孩子在爱意融融的故事中，随着小主人公的紧张、惊慌而情绪起伏，享受情感的陶冶，获得心灵的成长。从小主人公紧张、惊慌及镇定的情绪起伏中，可以清晰地看到其成长的线索。一个小女孩想要变成姐姐，不可避免地要承受和经历心理的磨炼。经受得住考验，饱含着浓浓的爱，才能变成可以照顾和保护妹妹的姐姐。从《阿惠和妹妹》的封面上可以看到有两个小女孩，姐姐正在给妹妹穿鞋子，妹妹的小手抓着姐姐的胳膊，很温暖的画面，有这样的姐姐真好。阿惠玩耍的门前非常干净，有红色花朵的盆栽，还有开黄花的树，景色很美。房屋错落有致，很有特色。欣赏这些优美的图画，有利于提高孩子的艺术美感，读了这本书后可以跟孩子进行美术创作，画一画喜欢的街道，或者玩涂色游戏。

《一人一半刚刚好》

序号：24

类别：姐妹篇

书名：《一人一半刚刚好》

文·图 / ［日］五味太郎

译 / 丁虹

出版社：北京联合出版公司

推荐理由：日本绘本大师五味太郎曾获得博洛尼亚国际绘本原画展奖等多种国际大奖，他的作品已在日本国内畅销几十年，并被翻译成了十多种文字，深受读者喜爱。五味太郎的创作和日常生活密切相关，主题浅显易懂，没有严肃说教，却寓教于乐；故事充满创意和幽默，利用简单的元素来吸引读者；丰富的色彩运用，朴实中带点儿淘气，顽皮而又纯真。

故事简介：这是个关于分享的小故事，故事中有两个小姐妹，不管什么东西都要平均、公正地一人分一半。可是，有的东西好分，有的不好分。小姐妹俩首先运用了数学的方法，从数量上（糖果）、从体积上（苹果）来分；再通过形状（彩纸）、形

态（绸带、木马）的改变来区分。平分难度逐渐升级，最终带来了一个让人温暖而又意外的结局。这是一个关于分享的故事，小朋友通过阅读故事会发现，若想样样分得公平，不仅要用上数学，也要用上创造力和想象力，最重要的是，要有两颗友爱的心。

亲子阅读指导建议：不同于一般关于分享的作品，五味太郎在这个故事里，巧妙地融合了数学启蒙、认知、创意、合作等概念，使这本书不仅是单纯地教孩子与人分享的故事，同时还让孩子学会分享的方法，可谓一举多得，给孩子分甜点和水果可不是件容易的事，看了这本绘本，相信在家庭中经常为孩子们分享感到为难的爸爸妈妈们一定会心一笑："哈哈，还有这样的分法呐""原来如此，这也算一半哦"。原来"分享"这件事还潜藏着这样的"智慧"哦！跟您的孩子一起阅读吧，一定会带给你们一个新鲜惊喜的快乐时光。

《爸爸是我的！》

序号：25

类别：姐妹篇

书名：《爸爸是我的！》

文 / ［巴西］伊兰·布伦曼

图 / ［巴西］朱莉安娜·博里尼

译 / 任小红

出版社：陕西人民教育出版社

推荐理由：二孩时代到来，孩子"争宠"怎么办？"爸爸妈妈是你的，也是我的，不如一人一半！"玩游戏、看电影、看书、看电视……故事中的姐妹俩每天不管干什么都要争爸爸。作者利用形式特别的折纸插画，把"爸爸被撕烂"的情节合理地安排进故事中。《爸爸是我的！》这本书适合爸爸和孩子共读。

故事简介：有一天，爸爸在她俩的争抢下被拽成了两半。这下姐妹俩各自拥有了半个爸爸。可是半个爸爸再也不能给她们喂饭、讲故事、推秋千了，她们好想把爸爸变回去啊！该怎么办呢？本书巧妙地利用拼接画的特点，把纸做的爸爸"撕成两

半"，后来，还用"粘爸爸胶水"把爸爸给粘了回来。这本画风搞笑的绘本就是在用幽默的方式告诉孩子：每个孩子都是父母的珍宝。

亲子阅读指导建议：如果爸爸妈妈有机会生育两个孩子，就能让孩子们体验到一份深厚的手足之情，而爸爸妈妈也能拥有不一样的幸福感受。同胞孩子对妈妈的争抢与生俱来，就好像母爱是天生的一样。而爸爸要想被孩子争抢，还需要好好表现。孩子们在争夺父母时，父母是否也在争夺他们呢？特别是争夺他们稍纵即逝的童年！在享受书中"孩子们争夺爸爸"美好感受的同时，也反思自己是否能做到跟书中的爸爸一样，花很多时间陪伴孩子看书、讲故事、看电影、玩游戏、看电视、散步、荡秋千……我们不要做那种让孩子在少有的亲子时光中争夺的爸爸，而要做一个愿意花更多时间、更多精力、想更多方法陪伴孩子的爸爸。

《小不点的战争》

序号：26

类别：姐妹篇

书名：《小不点的战争》

文·图／［英］杰西卡·梅泽夫

译／胡宜之

审译／任溶溶

出版社：外语教学与研究出版社

推荐理由：这本书选自"聪明豆绘本系列"，是一本二孩家庭主题的绘本，让孩子学会接纳和互让。

故事简介：小不点一直有个烦恼，那就是她总生活在姐姐的阴影下。有一天，姐姐把她喜欢的小熊耳朵剪下来了，小不点非常生气，为了报复姐姐，她偷偷放走了姐姐心爱的小鸟。当姐姐发现后，小不点由于害怕离家出走。小不点从此后会快乐起来吗？姐姐后来怎么样了呢？答案就在书里面哦，赶快开启亲子阅读之旅吧！

亲子阅读指导建议：就像故事中的小小和姐姐那样，孩子的

成长需要释放各种压力，更需要回归爱的正途。而回归，正是成长。书中的最后一个画面，就给了我们一个很好的方法：游戏的乐趣，会让孩子退一步，提高接纳和互让的技巧。在童话中，经常有孩子离开家庭、跨越坎坷、再次回家的情节。家依旧，而爱更多。

《妈妈生病的时候》

序号：27

类别：姐弟篇

书名：《妈妈生病的时候》

文·图 /［韩］李宝拉

译 / 陈治利

出版社：山东美术出版社

推荐理由：《妈妈生病的时候》是从韩国引进的优质家庭教育绘本。它正能量满满，简直是家有二宝的爸爸妈妈们的忘忧草！它将如何为焦虑的爸爸妈妈们解忧呢？又将如何缓解二宝彼此之间的对立情绪，构建亲密和谐的二宝关系呢？妈妈生病的时候，两个宝贝打扫卫生、烤蛋糕、抢救小怪物贴纸……和兄弟姐妹在一起，即使是待在家里也会如此有趣！

故事简介：两个熊孩子起床的时候发现妈妈不见了，两个人仔细翻遍了房间的每一个角落，才发现原来妈妈生病了。两个宝贝瞬间长大，他们决定为妈妈分担家务！在姐姐的指挥下，姐弟俩一起叠衣服、清理地板、帮妈妈洗裤子，并且给妈妈烤了一个

巧克力蛋糕！当然，馋嘴的宝贝没忘记偷吃一口……

亲子阅读指导建议：这个绘本非常适合亲子共读。对孩子来说，这是一本很好的生活教育书；对妈妈来说，这是一本别致的"爱的教育"——看着孩子们累得呼呼大睡的可爱模样，妈妈想到的肯定不再是一片狼藉的表象。

《嘘——轻点儿声！》

序号：28

类别：姐弟篇

书名：《嘘——轻点儿声！》

文·图 /［日］丸山阳子

译 / 彭懿

出版社：江苏凤凰少年儿童出版社

推荐理由：看名字，这是一本充满悬念、能勾起孩子强烈好奇心的绘本，同时它又是一本适合轻轻读给孩子听的睡前故事绘本，是一本体现了浓浓手足情的亲情绘本。

故事简介：树林深处有座红色屋顶的小房子。一头大熊摇晃着身躯，发出刷啦刷啦的声音，朝小房子走了过来，一个穿红裙子的小女孩把门推开了一条小缝，轻轻走出来，踮起脚尖，对大熊说："嘘——轻点儿声！"才安静一会儿，树林里又响起了咔嗒咔嗒的声音，原来是一头出门散步的小鹿走来了。穿红裙子的小女孩又赶紧轻悄悄地走出门，她身后还跟着刚才那头大熊，大熊从门里探出半个巨大的身躯，学着小女孩的样子，一起对着小

鹿说："嘘——轻点儿声！"树林里又恢复了平静。可是，这种平静能一直保持下去吗？小女孩为什么要叮嘱每一位路过小屋子的动物轻点儿声呢？

　　亲子阅读指导建议：整本书富有节奏感，每次出现的动物，都以自己特有的方式，在树林里演奏属于自己的乐曲：唰啦、唰啦、唰啦……咔嗒、咔嗒、咔嗒……嘣，呼啦——嗵！嘣，呼啦——嗵！……笃笃笃笃……嗒嗒嗒，嗒……人影未现，极具特征的声音却已经传入了小读者的耳中。这是谁的声音呢？谁又从这里路过了呢？这样的悬念，将小读者的心，拉得紧紧的、悬得高高的。除了依次出场的动物们能引起孩子的好奇心，更让孩子好奇的，应该是藏在屋子里的秘密。屋子里到底有什么呢？为什么小女孩会让所有动物都轻点儿声？而动物们一跟着小女孩进了屋子，也就跟着了魔一样，能对着下一位出现的小动物，叮嘱轻点儿声呢？这种叠加和复沓的故事创作方法，会引发孩子的无限遐想，在知道谜底前，或许孩子心里，已经冒出无数种答案。终于，有一只好奇的小松鼠，按捺不住好奇心，问大家，为啥要轻点儿声。小女孩一句看似轻描淡写的"我的弟弟在睡午觉哪！"犹如一股暖流，流进了每一位读者的心中。小姐姐对小弟弟的爱意，全部倾注在那一句轻轻的"嘘——轻点儿声！"里。当然，绘本中除了体现浓浓的姐弟情，也寄寓了人与自然、人与动物和谐相处的美好愿望。

《我们家的怪物》

序号：29

类别：姐弟篇

书名：《我们家的怪物》

文·图 / [韩] 赵英儿

译 / 宋丽霞

出版社：山东美术出版社

推荐理由：二孩儿时代，且看"霸道姐姐"与"乖弟弟"的相处之道——无厘头的打闹，敌不过温馨的亲情。

故事简介：姐弟共处一室，难免会经常发生冲突，冲突总是以弟弟的失败告终。但是，有个姐姐还是有很多好处的……真实的家庭情境还原，在莞尔一笑的同时，领会"小怪物"之间的血脉亲情。《我们家的怪物》关注的是姐姐和弟弟的关系。姐姐是霸道的大怪物，弟弟说："怪物以为她在照顾我，其实很多时候是我在照顾怪物。"

亲子阅读指导建议：看完粉红怪物的故事，不禁莞尔！这是多真实又多温情的姐弟故事呀。不禁想起我采访过的许多姐弟组

合的二孩家庭，确实有很多是"怪物女王"加"暖男随从"的组合呢——"怪物女王"在家是霸道的粉红怪兽，出门却又是"暖男随从"的保护神，两个孩子就在打打闹闹、分分合合中开心成长！每个男孩的书架上，都少不了有关怪物的绘本。即使你难以理解，孩子们也总是对它充满了热情与想象。有意思的是，《我们家的怪物》将目光聚焦到姐弟俩的相处上，对有二宝的家庭来说，真是一个有趣的礼物。

《换弟弟》

序号：30

类别：姐弟篇

书名：《换弟弟》

文 / ［澳］简·奥默罗德

图 / ［澳］安德鲁·乔伊纳

译 / 彭波

出版社：南京师范大学出版社

推荐理由：如何让大宝接受二宝？这是一本帮助大宝进行心理过渡的绘本，帮助二孩家庭中的大宝实现心理过渡，学会兄弟姐妹间如何相处。

故事简介：卡罗琳娜总因为妈妈对弟弟的爱而感到非常忌妒，妈妈总是亲弟弟，总是说弟弟有多么可爱，说他的皮肤和鼻子多么好看。卡罗琳娜觉得弟弟臭死了，她多么希望妈妈也能抱起她亲上一大口。于是，当她路过宝宝店时，她就走了进去，把弟弟换成了熊猫宝宝、象宝宝、老虎宝宝。当然了，无论多可爱的宝宝也配不上自己的弟弟。当她发现弟弟流口水是因为长了一

颗新牙齿时，她是多么开心，最后，她得到了妈妈的亲吻。

亲子阅读指导建议：父母必须懂得孩子的心理，父母的拥抱与亲吻是所有孩子的迫切渴望，哪怕换弟弟的时候，卡罗琳娜也是按照妈妈的喜好来挑的，可见卡罗琳娜是多么在意妈妈的评价。妈妈的拥抱与亲吻是卡罗琳娜迫切渴望的，妈妈的评价也是卡罗琳娜的唯一标准。这种心理就是小孩子的心理。他们貌似有主见，但其实事事模仿大人；他们貌似要独立，但其实心中充满依赖。换弟弟的过程就是模拟了大宝接受二宝的心理过程，在不停地寻找合适的弟弟的过程中，卡罗琳娜最终发现只有自己的弟弟才是最合适的。阅读的过程中，父母可以和大宝、二宝玩这样的角色互换互动游戏，倾听大宝内心的声音。

《一点点儿》

序号：31

类别：姐弟篇

书名：《一点点儿》

文 / [日] 泷村有子

图 / [日] 铃木永子

译 / 唐橙橙

出版社：光明日报出版社

推荐理由：这个故事的作者是三个孩子的母亲，书中讲述了妈妈有了二宝之后，大宝的一系列心理变化，简单的画面、语言表达了妈妈即使有了二宝，也不会减少对大宝的爱，整本绘本风格清新，线条简洁，画面温馨可爱。这是一本二孩家庭必读的绘本，也是送给所有准备再要一个宝宝的妈妈的温柔礼物。

故事简介：小南的家里有小宝宝诞生了，妈妈忙着照顾小宝宝，所以小南要一点点地学着长大独立。学着自己换衣服，倒牛奶、扎辫子……虽然好多事情都是第一次做，不过，好像都有"一点点儿"成功了呢！家里有了个小宝宝，小南当上姐姐了。

一起去买东西时，小南好想和妈妈手牵手。可是，妈妈抱着小宝宝，没法和小南手拉手。小南只好拽着妈妈的一点点儿裙角，跟在后面走。小南口渴了，刚想让妈妈倒牛奶，小宝宝就哭了。小南好不容易才倒进了一点点儿牛奶。小南对妈妈说："妈妈，你抱我一下下，好吗？"妈妈说："可是妈妈不想只抱一下下呀，妈妈想给你一个大大的拥抱！"小南尽情地闻着妈妈身上熟悉的味道。

亲子阅读指导建议：整本书描述了小南的成长过程，并且展现了小南和妈妈以及新生的小宝宝之间浓浓的亲情。线条简洁，画面温馨可爱。书中描绘了孩子学习独立成长的各种初体验，也画出了母亲对孩子的深情关怀。让我们用这本绘本告诉孩子，父母的爱从来都不曾改变。

《双胞胎的小被子》

序号：32

类别：双胞胎篇

书名：《双胞胎的小被子》

文·图 / 〔美〕廉惠媛

译 / 李一慢

出版社：北京联合出版公司

推荐理由：每每在路上看到双胞胎，总是忍不住多看几眼，有一个伴我成长的相同的我，多幸福啊。绘本文字风格简练、感人，从两个五岁孩子的视角出发，风趣俏皮地展现了姐妹之间的口角和深情。绘本图画优美、温暖，营造出温馨动人的氛围。

故事简介：绘本用第一人称的口吻讲述了一对双胞胎的故事。我俩是长相酷似的双胞胎，也就是说，我们长得特别像，也就是说，我们用的东西都一样。玩具呀，衣服呀，还有房间，甚至还有妈妈的肚子。从出生那天起，我俩就用一床被子。这是妈妈说的，可我们现在是大姑娘了。这条被子我们两个人盖已经太小了。我觉得这条被子应该是我的，因为我是姐姐，而且没有

它，我睡不着。可妹妹说："不，我认为应该是我的，没有它，我也睡不着。"妈妈说，我们现在该分床了，因为我们是大姑娘了。而且，她要给我俩各做一床新被子。做两床新被子，要缝好多好多针，需要花好长时间。我想让妈妈先做我的。妹妹说："不，先做我的。""什么都是你先，这不公平。"我们早早地就上了床，我们各自的床。可是，她睡不着，我也睡不着，我的眼睛在黑暗中睁得大大的。我伸出胳膊，碰到了妹妹的手。我紧紧地抓住妹妹的手。我想她有点害怕。然后，我们都睡着了，第一次在自己的床上，盖着自己的被子。

亲子阅读指导建议：很少有作家或插画家，像廉惠媛这样，熟悉小孩子的内心世界。她的笔触与观察，如此富有同情心，如此令人信服。绘本的封面上双胞胎姐妹一左一右互相映衬着对方，这完美的对称真是一种享受。绘本图画优美、温暖，运用水彩和彩铅相结合的技法，营造出温馨动人的氛围。这部简单却又令人印象深刻的艺术作品，用它那明亮的色块和图画，把页面优美地呈现了出来，是非常适合在双胞胎家庭里父母和孩子睡前分享的哦！

《男孩皮皮和女孩西西》

序号：33

类别：双胞胎篇

书名：《男孩皮皮和女孩西西》

文 /［比利时］凯萨琳·梅特梅尔

图 /［比利时］马克·瓦内尼

译 / 陈景秀

出版社：新世界出版社

推荐理由：皮皮和西西，一对可爱的龙凤双胞胎宝宝，他们的生活中充满了欢乐，他们的故事吸引着宝贝的眼球，文字朗朗上口，宝宝十分喜爱。贴纸书的内容充满了故事性，给宝宝带来一个又一个的惊奇，好看又好玩。适合学龄前孩子阅读，尤其是双胞胎家庭，会有深深的共鸣哦！

故事简介：《男孩皮皮和女孩西西》全20册。这是一部极贴近现代家庭生活的故事绘本。女孩西西娇俏可人，男孩皮皮诚实厚道，他们是绝对的男女一号，加上深爱他们的父母、小狗班迪，还有两个朋友，主配角就算全部到齐。故事发生地不外

家里、公园、超市……情节一如日常琐事：过家家、生日、野餐……家里收养了一只流浪猫，对它照顾有加，小狗班迪难过而出走，一家人费尽周折找到班迪后，对它百般疼爱呵护。夜深了，皮皮西西仍去探看班迪，见到它一切安好后，西西舒口气，高兴地说："现在班迪该知道，我们有多么爱它了。"下雨天，皮皮西西找来被子，蒙在餐桌上，玩起过家家。爸爸进来，看到一切乱糟糟的，大为惊讶。这时皮皮掀被出来，礼貌地问："您好，先生，欢迎参观我们的小屋。"爸爸笑着回复："西西小姐，皮皮先生，你们好。"然后低身钻入桌底。"参观"完毕，彬彬有礼地告别："再见，西西小姐，谢谢你们的款待，虽然屋子有些小，但是很温馨。"这些短小有趣的故事里，处处充溢着爱意和温馨，还有对万事万物的温情。

亲子阅读指导建议：这套绘本适合学龄前孩子阅读。建议父母和孩子在阅读完故事后完成贴纸书。同一生活场景，既有故事情节，又有贴纸游戏。对故事书提到的生活情境，贴纸书多是从知识性上延伸补充。比如，故事书中的"旅游"是说一家人在出发前的故事，贴纸书中的"旅游"却是通过贴纸，告诉孩子旅行的各种交通工具，极富知识性和趣味性。全书画风均采用粗线条，寥寥几笔即勾勒出孩子的丰富表情和顽皮姿态。色调多用暖色调，通过水彩的浓淡涂抹出各类场景。写意的画风让现实的场景变得具有戏剧色彩，传达出作者对孩童世界的智慧理解和幽默洞察。

《幸福的提姆和莎兰》

序号：34

类别：双胞胎篇

书名：《幸福的提姆和莎兰》

文·图 /［日］芭蕉绿

译 /［日］猿渡静子

出版社：新星出版社

推荐理由：这是关于双胞胎的绘本，一套10本。日本著名绘本作家芭蕉绿创作的双胞胎小老鼠提姆与莎兰，是无数孩子童年的挚爱。这套图书被誉为"最贴近生活"的爱的教育绘本，在满满的幸福中培养有气质的孩子。故事讲述了两只可爱的双胞胎小老鼠提姆和莎兰日常生活的普通故事，但每个故事背后却蕴含着充满智慧的道理，孩子在享受阅读乐趣的同时，能自然地养成感恩、分享、乐于付出、积极探索等优秀的品格。数十年来，无数爸爸妈妈把《幸福的提姆和莎兰》送给孩子当礼物。

故事简介：圆嘟嘟的身体、黑曜石一般的眼睛、粉红的耳朵和脸颊，这是提姆和莎兰，一对可爱的双胞胎小老鼠。这本书自

1989年诞生以来，一直是无数孩子的童年挚爱。提姆和莎兰在家人的关爱下成长，每天都有新鲜有趣的故事：快乐自在玩耍、家庭亲情传递、与邻里交往、与新伙伴相识……故事娓娓道来，笔调舒缓有致，读来就像是孩子自己身边的人和事一样，贴近孩子的心灵，字里行间满满的爱与幸福。在每一天的生活小事里培养出孩子的气质，水到渠成地帮助孩子成长。

亲子阅读指导建议：生活教育典范杰作，贴近生活的故事蕴含成长的道理，饱含深情，悄悄地在孩子心中将美好渲染。柔和、明快的色彩，精致、传神的细节，富有音乐感的画面布局，每本绘本都成为浑然天成的经典之作。

《我家添了小宝宝》

序号：35

类别：三胎篇

书名：《我家添了小宝宝》

文 /［美］伊丽莎白·鲁斯

图 /［加］冷沁

译 / 范晓星

出版社：浙江少年儿童出版社

推荐理由：三孩时代的育儿宝典，当了哥哥姐姐的大孩子们，以亲历感受告诉你如何迎接家庭新成员。《我家添了小宝宝》可以称得上一本三孩宝典，涵盖了和小宝宝有关的各种问题：从妈妈怀孕后身体发生变化，到惊喜的一天里漫长的等待，从第一次见到小毛头的好奇到抱小宝宝的科学方法，还有小宝宝在你身上吐奶了怎么办、小宝宝的哄睡大法、小宝宝心思的侦探大法，真是面面俱到。

故事简介："准备好了吗？家里要添新成员了！"安娜和奥利弗这姐弟俩都好激动啊！在这本漫画形式的绘本里，以哥哥

姐姐幽默、温馨的视角讲述了如何迎接新宝宝的到来，就像绘本中的姐姐安娜和哥哥奥利弗所说，也许很多人会告诉你将要发生什么，可只有像我们这样当上大哥哥大姐姐的孩子才有真正的经验。对于即将升级为哥哥或姐姐的孩子来说，是不是有松了一口气的感觉？不用太紧张，有经验丰富的同盟队员帮你支招，另外还附有翔实、专业的育儿知识，也是新手爸妈的好帮手。

亲子阅读指导建议：阅读是一个孩子可以独自玩儿的游戏，是一场孩子和父母可以一起穿越时空的冒险，更是一座帮助孩子成长自立的桥梁。第三个孩子出生以后，会给整个家庭带来哪些变化？当了哥哥姐姐的大孩子该怎样和小宝宝相处？爸爸妈妈会忙于照顾小宝宝，忽略对大孩子的关爱吗？书里的这对小姐弟以自己的亲身经历介绍了各种育儿妙招。这是一本适合全家人一起阅读的育儿宝典。

《你们都是我的最爱》

序号：36

类别：三胎篇

书名：《你们都是我的最爱》

文 / ［爱尔兰］山姆·麦克布雷尼

图 / ［英］安妮塔·婕朗

译 / 张杏如

出版社：明天出版社

推荐理由：《你们都是我的最爱》是山姆·麦克布雷尼和安妮塔·婕朗继《猜猜我有多爱你》之后推出的又一力作。和《猜猜我有多爱你》相同的地方是：画面都是暖暖的色调，内容也都是关乎亲情、父母与孩子之间的爱，不同的是，相比《猜猜我有多爱你》，《你们都是我的最爱》是熊爸爸和熊妈妈对三只小熊的爱——可以理解为多胎家庭吧。每个孩子都是父母的最爱，爱不会因为分享而变少，爱不需要比较。

故事简介：熊爸爸熊妈妈每天都会在睡前告诉孩子，"你们是这个世界上最最棒的熊宝宝"。父母的爱就像空气，无处不

在，无时不在，即使这样，三只小熊有一天还是对自己产生了怀疑，担心爸爸妈妈更爱其他小熊，而不爱自己，于是他们都去问爸爸妈妈："到底你们最喜欢我们哪一个呢？谁才是你们的最爱？我们不可能都是最好的啊！"尽管每只小熊都不一样，它们有的有斑纹，有的没有；有的是男孩，有的是女孩；有的大，有的小，可是在爸爸妈妈心目中，它们都是最棒的小熊，最爱的小熊。《你们都是我的最爱》中的熊爸爸熊妈妈给了小熊们最好的答案，三只小熊在爸爸妈妈温馨的话语中，获得了安全感和自信心，它们相信自己是最棒的，相信爸爸妈妈是爱自己的，相信自己虽然和兄弟姐妹某些地方不一样，但是不一样并不是缺点。

亲子阅读指导建议：这本绘本是0～99岁的人都应该读的绘本，相较孩子，父母更应该读一读，和熊爸爸熊妈妈学习做父母的智慧。阅读方式可以是一家人坐在一起进行角色扮演，每个人读自己角色的话语。爸爸妈妈模仿书中熊爸爸熊妈妈的动作，抱一抱、亲一亲宝贝，看着宝贝的眼睛深情地说一句"你们都是我的最爱"。《你们都是我的最爱》给孩子一个肯定和鼓励：你就是你，你有你的特色，爸爸妈妈爱你只因为你是他们的孩子。这种"爱的保证"在孩子成长中是最重要和最可贵的，它让孩子安心自信地在爱中成长。当你每天睡前为孩子读完一遍后，不妨就像熊爸爸和熊妈妈一样，记得对孩子说"你（们）是世界上最最棒的小孩"！

《晾毛线》

序号：37

类别：三胎篇

书名：《晾毛线》

文 / 冰波

图 / 陈耀辉　林雅雯

出版社：广州出版社

推荐理由："爱与被爱绘本系列"是一套让孩子认识爱、感受爱的神奇力量的绘本，包括《快乐药》《野果项链》《晾毛线》《棉花糖》四本绘本。这套绘本在中国台湾已畅销多年。通过阅读这套绘本，孩子们可以认识到爱的重要性，并在孩子心中撒下爱的种子，让这颗种子在孩子的心田生根发芽。只有获得足够多的爱的孩子，长大后才会主动向身边的人传播爱。这套绘本正是从这个角度出发，在孩子心中撒下爱的种子，为他们日后传播更多的爱打好基础。

故事简介：老鼠三兄弟住在一棵大树里。鼠大哥有一件红色的毛衣，鼠二哥有一件黄色的毛衣，鼠小弟有一件蓝色的毛

衣。冬天到了，天气越来越冷，当他们将毛衣拿出来要穿时，才发现，这三件毛衣都破了。"怎么办，"鼠小弟说，"衣服破了？""我们没有多余的毛线可以补破洞。"鼠二哥说。"别担心，一定有办法！"鼠大哥说。三只老鼠左想右想，真的想出了一个好方法！他们决定把三件毛衣都拆了，先还原成一捆一捆毛线，再重新织成毛衣。鼠二哥负责拆衣服，鼠小弟负责拉毛线，鼠大哥则负责把毛线全部清洗干净……

亲子阅读指导建议：阅读《晾毛线》这篇故事让人忍不住羡慕起老鼠三兄弟的默契和友爱。相信这三兄弟之间一定充满了兄弟之情，所以能在完全没有商量的情形下，同时发挥默契与爱心，为孤苦的鼠小妹编织过冬的保暖衣物，同时也提醒父母去思考：孩子们是如何建立手足观念的？父母是如何看待孩子的手足关系的？父母公平关爱的态度对手足情谊的建立，绝对有着关键性的影响。从老鼠三兄弟讨论要如何处理毛衣破损问题的过程中，我们可以发现，这三兄弟的情谊完全建立在互相尊重、互相合作的基础上。比如说，在拆毛线、洗毛线时，他们都没有区分大小，鼠大哥不会因为自己是哥哥声音就特别大而命令弟弟，鼠小弟也不会因为自己是老幺就依赖哥哥而不做事。大家站在平等的位置，同心协力出主意、出力气。

《我当大姐姐了》

序号：38

类别：姐姐篇

书名：《我当大姐姐了》

文 / ［美］安妮特·谢尔登

图 / ［美］凯伦·麦泽尔

译 / 赵丹

出版社：化学工业出版社

推荐理由：由美国心理学会儿童心理学家撰写，专业插画家绘图，心理学背景和翻译水平兼备的妈妈们担任翻译。绘本后附有"写给父母和老师的话"，从儿童发展心理学的角度剖析孩子的种种表现，帮助家长理解孩子，引导孩子克服种种情绪障碍，陪伴孩子健康快乐成长。给父母们补充相关儿童心理学知识，帮助他们更好地与孩子相处，解决育儿过程中的种种困惑。绘本故事的表现形式容易被孩子接受，并且，生动、有趣的故事场景中蕴含着成长的道理。亲子共读的形式让家长和孩子一起快乐阅读。

故事简介：当家里有了新宝宝时，大孩子的世界会因此而改变，虽然他们也会兴奋和喜悦，但同时也会愤怒、忌妒、恐惧和怨恨。他们会觉得，他们在爸爸妈妈心目中的地位被取代了，他们的需求也排在了小宝宝之后。他们需要明白爸爸妈妈爱每个孩子，因为每个孩子都是特别的；他们也需要调整自己的心理，学会耐心和分享。《我当大姐姐了》用惟妙惟肖的绘画手法将一个做了大姐姐的小女孩的不同心情表现得淋漓尽致，让人心生喜爱。

亲子阅读指导建议：在我们的传统思想中，往往认为小孩子什么都不懂，但回忆自己的成长经历时，发现我们其实有着很多不为大人所知的烦恼，也曾经渴望得到更多的支持。孩子都渴望得到父母完整的、不被分割的爱，当有了弟弟或妹妹后，在兴奋和喜悦的同时，不安和担心的情绪也会渐渐蔓延。书中这个做了大姐姐的小女孩又会有怎样的心情和表现呢？当看到她能说出"能帮上忙，因为我是大姐姐了"时，我们都会欣慰地一笑。这个绘本让我们思考两个问题：从孩子的角度来说，孩子要爱家里的每一位成员、爱自己的弟弟妹妹；从大人的角度来说，我们应从行动上诠释无私和平等的爱。

《我当大哥哥了》

序号：39

类别：哥哥篇

书名：《我当大哥哥了》

文 / ［美］安妮特·谢尔登

图 / ［美］凯伦·麦泽尔

译 / 赵丹

出版社：化学工业出版社

推荐理由：当家里有了新宝宝时，大宝的世界会因此而改变，虽然他们也会兴奋和喜悦，但同时也会愤怒、忌妒、恐惧和怨恨。他们会觉得，他们在爸爸妈妈心目中的地位被取代了，他们的需求也排在了小宝宝之后。他们需要明白爸爸妈妈爱每个孩子，因为每个孩子都是特别的；他们也需要调整自己的心理，学会耐心和分享。绘本特别适合大宝是男孩的家庭，尤其是准备要二宝的家庭。即使只有一个男孩，也可以培养他与比自己小的邻居、同学等交往的能力，让他体验到当个大哥哥很棒！在众多关于哥哥姐姐和新出生宝宝的书里面，这本绘本以其吸引人的绘

画、简洁明快的故事和令人温暖舒适的感受独树一帜，让人印象深刻。

故事简介：《我当大姐姐了》的"男孩版"。

亲子阅读指导建议：当家里有了小宝后，大宝会感到孤独，觉得爸爸妈妈不爱自己了。这时，爸爸妈妈要让大宝明白：爸爸妈妈有每一个孩子，每一个孩子对爸爸妈妈来说都是独一无二。书后附有"写给父母的话"，从儿童发展心理学的角度，剖析面对新宝宝，孩子的种种表现，帮助家长更好地与孩子相处，引导孩子克服种种情绪障碍，解决二宝相处过程中的种种问题。

《爸爸的吻》

序号：40

类别：爸爸篇

书名：《爸爸的吻》

文 / ［美］弗兰·马努什金

图 / ［美］罗纳德·希姆勒

译 / 王欣婷

出版社：新疆青少年出版社

推荐理由：这是斩获"荷兰银笔奖"的一本绘本，以轻松笔调和柔和色彩呼应温情主题。画家曾为《爷爷的墙》《小鲁的池塘》等逾160部童书绘制插图，获得了"美国插画家协会银奖""克利斯朵夫奖"等三十多项大奖。绘本呈现了一家人（尤其是准妈妈）为迎接宝宝从营养保证、感官刺激、情感交流等方面做出的努力，对生活中的孕妈妈颇具启发意义。

故事简介：故事通过胎儿对家人的不同回应强调了父爱的重要性，提醒生活中出于种种原因对宝宝鲜少关注甚至角色缺位的爸爸们给予宝贝更多关怀和爱护，让宝贝沐浴在丰沛、圆满的亲

子之爱中快乐成长。故事富有戏剧性，为读者呈现了三代同堂的多子女家庭亲密热闹的氛围，令读者备受感染，同时学会了更好地表达爱。画面突出家庭成员情态鲜活的互动，并辅以柔和灯光色背景和竖长边框设计，如同老照片定格的一幕幕温馨动人的家庭场景。绘本描绘了祖孙三代对即将降临的三胎小宝贝的期盼，家庭成员们纷纷用美食、美景、钱币等不同形式来吸引不愿从妈妈肚子里出来的小宝贝顺利降生，不料却换来小宝贝的无动于衷或强烈抗议，而当大家语塞词穷、一筹莫展时，外出归来的爸爸与家人们不经意的亲吻却牢牢地抓住了小宝贝，终于，轻轻的一个吻，令千呼万唤的宝贝迫不及待地降生啦。

亲子阅读指导建议：故事以新颖而充满奇思妙想的方式呈现了胎儿与家人之间的互动。未出生的宝宝有自己的思想和个性。古朴而雅致的画风，非常契合幽默、温暖的故事氛围。这是一本特别的绘本，尤其适合多孩家庭分享阅读。

《家有俩宝：二胎家庭的幸福养育说》

序号：41

书名：《家有俩宝：二胎家庭的幸福养育说》

文 / 李一慢

出版社：华东师范大学出版社

推荐理由：这是微博"一慢二看"创始人、知名儿童阅读推广人李一慢写给二胎家庭的实用硬核养育指南。书中延续"一慢二看三玩"的教育理念，基于"慢养育、轻阅读"的概念进行打造，从父亲的角度写给二胎家庭的实用硬核养育指南。由国内知名教育专家朱永新、孙云晓、刘秀英、林丹联袂推荐。

内容简介：书中涵盖两宝养育的3个维度、8大主题、46个详细解决方案，让中国家庭摆脱"丧偶式育儿"。作者深切认识到父亲在育儿中的重要性，深知父亲在养育孩子过程中的缺位现象，并对此进行了论述与分析，实操性强。夫妻携手育儿才是家庭幸福的真谛。育儿不仅是陪伴孩子成长，塑造孩子的健全人格，而且是父母自我成长、重新认识自我的修行过程。

亲子阅读指导建议：随书附赠的200本"慢书单"，是作者

多年对儿童阅读及家庭教育深耕的成果，呼吁父母对儿童阅读及自我提升的重视，让阅读成为家庭生活的共同习惯。教育是留白的艺术，是三分教，七分等。父母要给孩子满满的接纳、信任、时间和空间，让阅读浸润美丽童年，静待花开。

参 考 文 献

［1］中华人民共和国教育部.幼儿园教育指导纲要（试行）
　　　［EB/OL］.（2001-07-02）［2001-09-01］.http：//www.
　　　moe.gov.cn/srcsite/A06/s3327/200107/t20010702_81984.html.

［2］中华人民共和国教育部.3—6岁儿童学习与发展指南［EB/
　　　OL］.（2012-07-02）［2012-10-09］.http：//www.moe.gov.
　　　cn/srcsite/A06/s3327/201210/t20121009_143254.html.

［3］中华人民共和国教育部.教育部关于加强家庭教育工作的指
　　　导意见［EB/OL］.（2015-10-11）［2015-10-16］.http：//
　　　www.moe.gov.cn/srcsite/A06/s7053/201510/t20151020_214366.
　　　html.

［4］中华人民共和国教育部.幼儿园工作规程［EB/OL］.
　　　（2015-12-14）［2016-03-01］.http：//www.moe.gov.cn/
　　　srcsite/A02/s5911/moe_621/201602/t20160229_231184.html.